受験は三省堂

第2版

ケータイ
KÉTAI
Patent Attorney
弁理士
III
不正競争防止法・著作権法・条約

JN016189

LEC東京リーガルマインド講師 **佐藤卓也** 著

三省堂

【法改正の反映状況について】

　本書第2版では、執筆時点において、令和3年度弁理士試験の出題対象となることが見込まれる法改正をすべて反映しました。また、本文中に引用している条数についても、これらの法改正後の条数を表示しました。

● コアから全て波及する力を付けよう ●

　弁理士試験は、時代の変化に伴い、その試験傾向も変遷を繰り返してきました。現代の弁理士には、特許取得等の実務だけでなく、世界を舞台にした侵害訴訟に立ち向かえるだけの交渉力、人間力が求められています。

　私も、受験当初は、弁理士試験のあまりの難易度の高さに、何度も受験を諦めかけました。しかし、我慢強く学習を積み重ねていくうちに、法律にはそれぞれバックボーンとなる制度趣旨があり、各試験科目には、コアとなる部分と派生的な部分があることに気づきはじめました。

　本書に記述した事柄は、各試験科目のコアとなる知識を凝縮したものです。その分量は、決して多いものではありません。しかし、本書の理解が100％でなければ、次に進んでも意味がないといえるだけのものを盛り込みました。「9割」ではいけません。「100％」でなければならないのです。

　読者のみなさんは、学習初日から試験当日まで、常に本書を携帯し、繰り返し学習を積み重ねてください。

　本書を制覇することで、多くの受験者が弁理士試験に見事合格し、知財分野の専門家として産業の発達に寄与する人材となってくれることを祈っています。

　また、本書は、弁理士試験だけでなく、知財管理技能検定その他各種試験や、企業法務の知財部門に勤めるビジネスマンにも、有益な知識を提供できるものと信じています。

　本書の執筆に当たっては、教え子でもある後輩弁理士をはじめ、多くの方々に支えていただきました。心から感謝申し上げます。

LEC 東京リーガルマインド専任講師
弁理士　佐 藤 卓 也

この本は、左ページに必須知識のまとめ、右ページには実際に出た過去問題と予想問題を○×形式にして登載した、見開き完結型の実践テキストです。

テーマを合格に必要最小限の数に厳選！

1 周知表示混同惹起行為(1)

必ず出る！ 基礎知識 目標 6 分で覚えよう

必須知識を2～3行の箇条書き方式で！

1 商品等表示

(1)他人の商品等表示を使用しなければ、周知表示混同惹起行為(2条1項1号)の不正競争に該当しない。

⇨「商品等表示」とは、商品表示と営業表示を合わせたものである。非営利事業も営業に該当する。

⇨商品等表示は、自他商品等識別機能を有するものでなければならない。

⇨小説の題号(タイトル)は、商品等表示に該当しない。

⇨シリーズものの題号は、商品等表示となる場合がある。

(2)商品等表示には、次のものが含まれる。

①商標 ②商号 ③商品の容器等 ④芸名 ⑤流派名
⑥フランチャイズの名称等

注意点には傍点！

⇨商標は、出願されているものに限られない(2条2項)。

2 商品等表示の周知性

(3)他人の商品等表示が需要者の間で広く認識されているものでなければ、周知表示混同惹起行為の不正競争に該当しない。

⇨「需要者」には、最終需要者に至るまでの各段階の取引業者も含まれる。

⇨周知性は、全国的に認められる必要はない。

⇨第三者の使用により周知性を獲得した場合でもよい。

暗記シートで消せる！

3 周知性の判断時

(4)周知性は、①差止請求では事実審の口頭弁論終結時、②損害賠償請求では類似の商品等表示の使用等がされた各時点で、必要である。

頭の整理に役立つ小項目主義！

・2・

基礎知識の暗記なくして、法律の理解はあり得ません。左ページをサッと読んだら、すぐに右ページの○×問題に取り組んでください。この繰り返しがあなたを合格に導きます。

学習日とそのときの正答数が
4回分書き込める！

1テーマの学習時間は
左右合計10分を目標にしよう！

学習日	月 日	月 日	月 日	月 日
正答数	／9	／9	／9	／9

周知表示混同惹起行為(1)

◎ 出た過去問！出る予想問！ **目標4分で答えよう** ◎

対応する左ページの要点番号を明示

過去問を選択肢単位に分解し、覚えやすい○×問題に！

☐ 商品等表示には、非営利法人の名称は含まれない。[H22-8]
☞(1)䅈×

☐ 商品等表示には、当該商品の素材を表すにすぎない表示は含まれない。[H22-8]
☞(1)䅈○

☐ 自己の小説に、他人の小説の題名と類似する題名を付して、書籍として販売する行為は、不正競争防止法第2条第1項第1号の不正競争とならない。[H21-47]
☞(1)䅈○

☐ シリーズ作品として販売されているゲームソフトの題号は、商品表示となりうる。[H28-著不6]
☞(1)䅈○

ベースにした過去問の出題年度と問題番号を明示

☐ 華道の流派の名称も、商品等表示となりうる。[H26-53]
☞(2)䅈○

☐ 商品等表示には商標が含まれるが、商標登録出願や商標登録を受けている必要はない。[H14-46 改]
☞(2)䅈○

☐ 業界で周知であっても、消費者に周知でない商品等表示には、周知性は認められない。[H26-53]
☞(3)䅈×

キーポイントには波線、誤りの部分には下線で明示！

☐ 企業名の略称は、当該企業自身がその略称を使用していない場合でも、営業表示となりうる。[H28-著不6]
☞(3)䅈○

☐ 甲の商品表示は、損害賠償の請求については乙が損害賠償請求の対象とされている類似の商品表示の使用等をした時点において、周知性を備えていることを要し、かつ、これをもって足りる。[H19-56]
☞(4)䅈○

はしがき

この本の使い方

第1章　不正競争防止法

第2章 著作権法

第3章　パリ条約

第4章　特許協力条約

第5章　国際出願法

第6章　TRIPS協定

第7章　マドリッド協定議定書

第8章　ジュネーブ改正協定

第1章

不正競争防止法

1 商品等表示

(1)他人の商品等表示を使用しなければ、周知表示混同惹起行為 (2条1項1号)の不正競争に該当しない。

⇨「商品等表示」とは、商品表示と営業表示を合わせたものである。非営利事業も営業に該当する。

⇨商品等表示は、自他商品等識別機能を有するものでなければならない。

⇨小説の題号 (タイトル) は、商品等表示に該当しない。

⇨シリーズものの題号は、商品等表示となる場合がある。

(2)商品等表示には、次のものが含まれる。

①商標　②商号　③商品の容器等　④芸名　⑤流派名
⑥フランチャイズの名称等

⇨商標は、出願されているものに限られない(2条2項)。

2 商品等表示の周知性

(3)他人の商品等表示が需要者の間で広く認識されているものでなければ、周知表示混同惹起行為の不正競争に該当しない。

⇨「需要者」には、最終需要者に至るまでの各段階の取引業者も含まれる。

⇨周知性は、全国的に認められる必要はない。

⇨第三者の使用により周知性を獲得した場合でもよい。

3 周知性の判断時

(4)周知性は、①差止請求では事実審の口頭弁論終結時、②損害賠償請求では類似の商品等表示の使用等がされた各時点で、必要である。

出た過去問！出る予想問！ 目標 4 分で答えよう

☐ 商品等表示には、非営利法人の名称は含まれない。[H22-8]
　　　　　　　　　　　　　　　　　　☞(1)啓✕

☐ 商品等表示には、当該商品の素材を表すにすぎない表示は含まれない。[H22-8]　　　　　　　　　　☞(1)啓〇

☐ 自己の小説に、他人の小説の題名と類似する題名を付して、書籍として販売する行為は、不正競争防止法第2条第1項第1号の不正競争とならない。[H21-47]　　　☞(1)啓〇

☐ シリーズ作品として販売されているゲームソフトの題号は、商品表示となりうる。[H28-著不6]　　　☞(1)啓〇

☐ 華道の流派の名称も、商品等表示となりうる。[H26-53]
　　　　　　　　　　　　　　　　　　☞(2)啓〇

☐ 商品等表示には商標が含まれるが、商標登録出願や商標登録を受けている必要はない。[H14-46 改]　　☞(2)啓〇

☐ 業界で周知であっても、消費者に周知でない商品等表示には、周知性は認められない。[H26-53]　　☞(3)啓✕

☐ 企業名の略称は、当該企業自身がその略称を使用していない場合でも、営業表示となりうる。[H28-著不6]　☞(3)啓〇

☐ 甲の商品表示は、損害賠償の請求については乙が損害賠償請求の対象とされている類似の商品表示の使用等をした時点において、周知性を備えていることを要し、かつ、これをもって足りる。[H19-56]　　　　☞(4)啓〇

1 同一又は類似

(1)第三者の使用している商品等表示が、広く認識されている商品等表示と同一又は類似のものでなければ、周知表示混同惹起行為 (2条1項1号) の不正競争に該当しない。

⇨類否判断は、称呼・外観・観念の三点観察に基づく全体観察を原則とし、商標と同様に離隔的観察による。

2 混同のおそれがあること

(2)類似表示の使用によって混同のおそれがなければ、周知表示混同惹起行為 (2条1項1号) の不正競争に該当しない。

⇨混同には広義の混同が含まれ、競争関係は不要である。

⇨混同は、そのおそれがあれば足り、現実に混同が生じていることまでは要求されない。

3 著名表示冒用行為による不正競争

(3)著名な商品等表示と同一又は類似の商品等表示を第三者が使用すると、著名表示冒用行為として不正競争 (2条1項2号) に該当する。

⇨著名表示冒用行為の場合、周知表示混同惹起行為とは異なり、混同は要件とされない一方、周知性では足りず、著名性を有することが要件とされている。

4 効　　果

(4)周知表示混同惹起行為・著名表示冒用行為は、差止め・損害賠償請求の対象となる (3条、4条)。

(5)不正目的・不正利得目的・加害目的で不正競争を行った者に対しては、刑事罰が科される (21条2項1号・2号)。

学習日	月 日	月 日	月 日	月 日
正答数	／6	／6	／6	／6

周知表示混同惹起行為(2)／著名表示冒用行為

出た過去問！出る予想問！ 目標 **4** 分で答えよう

❏ ある営業表示が他人の営業表示と類似のものに当たるか否かについては、取引の実情のもとにおいて、取引者又は需要者が両表示の外観、称呼又は観念に基づく印象、記憶、連想等から両者を全体的に類似のものとして受け取るおそれがあるか否かを基準として判断するのが相当である。
[H15-41] ☞(1)答○

❏ 「混同を生じさせる行為」は、広義の混同惹起行為をも包含する。[H19-56] ☞(2)答○

❏ 不正競争防止法第2条第1項第1号に該当するとして甲の乙に対する差止めの請求が認められるためには、需要者が、甲と乙とが同一企業であると誤認混同することが必要である。[H14-46] ☞(2)答×

❏ ヨーロッパのファッション・ブランドである企業甲の著名な商品表示をタクシー会社乙が商号として用いる行為は、甲乙間に競争関係がなければ、不正競争防止法第2条第1項第1号の不正競争とならない。[H21-47] ☞(2)答×

❏ 著名な商品等表示を使用する場合には、混同のおそれがなくても不正競争となる。[予想問] ☞(3)答○

❏ 標章イが日本全国のほとんどすべての地域で甲の商品等表示として需要者の間に広く認識されているときに、不正競争防止法に基づく差止請求に関して、標章イが甲の有名ブランドの商標であり、この標章を古びた喫茶店に使用したような場合には、甲の乙に対する差止請求は認められない。
[H16-55] ☞(3)(4)答×

1 商品形態模倣行為の要件(2条1項3号)

(1)他人の商品形態を模倣した商品を譲渡等する行為は、不正競争(2条1項3号)に該当する。

(2)2条1項3号の不正競争は、他人の商品の形態に関するものの模倣でなければならない。

⇨無体のアイデアの模倣は含まれない。

⇨需要者が、通常の使用に際して知覚によって認識する内部形態も含まれる(2条4項)。

⇨商品形態が周知である必要はない。

⇨外国で製作された商品形態であってもよい。

(3)他人の商品形態を模倣することが必要である。

⇨「模倣」には、依拠と同一性が必要である(2条5項)。他人の商品形態に何ら依拠せず、独自に創作した場合は、不正競争に該当しない。

⇨模倣だけでは不正競争に該当せず、模倣品を譲渡等して流通段階に置かなければならない。

2 商品形態模倣行為に該当しない場合(2条1項3号かっこ書)

(4)商品の機能を確保するために不可欠な形態を模倣し、譲渡しても、不正競争に該当しない。

3 効 果 等

(5)商品形態模倣行為は、差止め・損害賠償請求の対象となる。また、不正の利益を得る目的をもって行った場合には、刑事罰が科される(21条2項3号)。

(6)差止め等の請求は、商品形態を開発した者のほか、独占的な販売権を有する者にも認められる。

学習日	月　日	月　日	月　日	月　日
正答数	／7	／7	／7	／7

● 出た過去問！ 出る予想問！ **目標４分で答えよう** ●

❏ 商品のアイデアやコンセプトは、商品の形態の一種として、模倣行為から保護されることがある。[H25-28]　☞(1)(2)答×

❏ 需要者が、商品を使用する際に、通常目にすることがない商品内部の形状や模様は、「商品の形態」には含まれない。
[H27- 著不 28]　☞(2)答○

❏ 不正競争防止法2条1項3号に該当した場合には、差止請求がなされるので、公示がない不正競争では当該形態が周知であることが必要である。[予想問]　☞(2)答×

❏ 外国で製作された商品の形態を模倣した商品を日本で譲渡等する場合、不正競争防止法2条1項3号に該当する場合はない。[予想問]　☞(2)答×

❏ 他人の商品の形態を模倣して商品を製造する行為は、その製造した商品が販売されていなくても、不正競争となる。
[H30- 著不 4]　☞(3)答×

❏ 他人の商品の形態を模倣した商品を譲渡する行為は、その形態が商品の機能を確保するために不可欠なものであるとしても、不正競争となる。[H30- 著不 5]　☞(4)答×

❏ 甲が商品化した財布Aについて、乙がAの商品形態をそっくりまねた財布Bを製造した場合において、乙がBを販売した場合、甲からAの販売について許諾を受けた丙は、乙に対し、Bの販売の差止めを請求できる。[H28- 著不 7]
☞(5)(6)答×

4 ドメイン名不正取得行為等

1 ドメイン名不正取得行為等の要件

(1)図利・加害目的で他人の特定商品等表示（氏名・名称・商標・商号等）のドメイン名を取得・保有・使用する行為は、不正競争（2条1項19号）に該当する。

⇨ドメイン名の取得には審査がないので、他人のドメインを取得等する行為自体には、違法性がない。そのため、図利・加害目的がなければ、不正競争とならない。

(2)他人の特定商品等表示に、周知性は要求されない。

⇨周知性が要求されない点で、周知表示混同惹起行為（2条1項1号）・著名表示冒用行為（2条1項2号）とは異なる。

⇨但し、同一又は類似のドメイン名であることが必要である。

(3)ドメイン名不正取得行為等の不正競争に該当するためには、ドメイン名を取得・保有・使用することが必要である。

⇨取得時には図利・加害目的がない場合であっても、その後に図利・加害目的をもってドメイン名を保有・使用するに至った場合は、不正競争に該当する。

2 効　果

(4)ドメイン名不正取得行為等の不正競争に対しては、差止請求（3条）・損害賠償請求（4条）をすることができる。

⇨この場合、付帯請求として当該ドメイン名の抹消を求めることはできるが、移転を求めることはできない（3条2項）。

(5)ドメイン名不正取得行為等には、刑事罰は科されない。

⇨違法性が弱いからである。

学習日	月 日	月 日	月 日	月 日
正答数	／6	／6	／6	／6

出た過去問！ 出る予想問！ 目標 4 分で答えよう

❑ 他人に対してドメイン名を高値で転売する目的で、当該他人の商標と類似するドメイン名を使用する権利を取得し、ウェブサイトを開設する行為は、当該他人を中傷する意図でなされたものでないとしても、不正競争に該当する。
[H28- 著不 10]　　　　　　　　　　　　　　☞(1)答○

❑ 甲は、ドメイン名登録機関に乙によって登録されているドメイン名Aが、最近話題となっている丙社のサプリメントの商品表示A'と類似であることを知り、丙社に転売して多額の利益を得る目的で、乙からドメイン名Aを譲り受けた。甲の行為は不正競争となる。[H24-6]　　　☞(1)答○

❑ 不正競争防止法により不正使用行為から保護される<u>ドメイン名</u>は、日本国内において<u>著名性又は周知性を有するもの</u>に限られる。[H25-59]　　　　　　　　　☞(2)答×

❑ 他人の氏名等を含むドメイン名を取得したときには、図利・加害目的がなかったが、その後に図利目的が生じ、現在もその目的で当該ドメイン名を保有している場合には、不正競争に該当する。[予想問]　　　　　　☞(3)答○

❑ 事業者は、自らの商号と同一のドメイン名を登録し使用している第三者に対し、その<u>ドメイン名の登録の移転を請求</u><u>すること</u>ができる。[H25-5]　　　　　　　☞(4)答×

❑ 他人の周知の名称を含んだ<u>ドメイン名</u>を、高値で売るために取得した者に対しては、<u>刑事罰が科される</u>。[予想問]
　　　　　　　　　　　　　　　　　　　☞(5)答×

1 営業秘密とは

(1)不正競争防止法上の営業秘密に該当するのは、次の要件を満たす場合である(2条6項)。

① 秘密管理性：秘密として管理されていること。

② 有用性：事業活動に有用な技術上又は営業上の情報であること。

⇨ ネガティブ・インフォメーション(例失敗した実験データ)にも、有用性は認められる。

⇨ 工場の違法な操業、従業員による不法取引、役員の個人的スキャンダルは、有用性がない。

③ 非公知性：公然と知られていないこと。

2 不正取得型(不法行為型)の不正競争

(2)不法行為・犯罪行為により営業秘密を取得・使用・開示する行為は、不正競争(2条1項4号)に該当する。

⇨ 直接の取得者による取得・使用・開示行為が対象である。

(3)不法行為・犯罪行為により取得された営業秘密の転得者が、悪意・重過失により取得・使用・開示する行為は、不正競争(2条1項5号)に該当する。

⇨ 取得時に悪意・重過失であった転得者による行為が対象である。

(4)不法行為・犯罪行為により取得された営業秘密であることを知らず、かつ重過失もなく、その営業秘密を取得した転得者が、事後的に知って又は重過失により知らないで使用・開示する行為は、不正競争(2条1項6号)に該当する。

学習日	月 日	月 日	月 日	月 日
正答数	／5	／5	／5	／5

出た過去問！
出る予想問！ 目標 **4** 分で答えよう

❏ 甲社が、ある製品開発のために行った実験において、その製品には使用できないことが明らかになった成分や素材等に関するデータは、その製品の開発が断念された場合、甲社により秘密として管理されていたとしても、営業秘密として保護されることはない。[H22-38]　　☞(1)䷀×

❏ 社内で秘密として管理されている、法令に反する廃水の自社工場からの流出に関する情報を、新聞記者に漏らすことは、不正競争とはならない。[H27-39]　　☞(1)䷀○

❏ 暴行や脅迫のような犯罪行為により営業秘密を取得する行為は、営業秘密に係る不正競争とならない。[H26-41]
☞(2)䷀×

❏ 甲の営業秘密につき、乙が公害の原因を公にするために、甲の事業所に忍び込んでこれを入手し、それを丙に開示した。丙が、その事実を知りながら、丁に開示する行為は不正競争とならない。[H15-12]　　☞(3)䷀×

❏ 甲が丙から乙の営業秘密を取得した後に、その営業秘密に関する産業スパイ事件が大々的に報道された結果、甲が丙による営業秘密不正取得行為が介在していた事実を知ったとしても、甲が丙から営業秘密を取得する時点でその事実を知らなかったのであれば、その後、甲が当該営業秘密を使用したとしても、不正競争とならない。[R1- 著不 9]
☞(4)䷀×

1 債務不履行型の不正競争

(1)営業秘密を保有者から<u>正当</u>に示された従業員等が、その営業秘密を<u>図利・加害目的</u>で<u>使用・開示</u>する行為は、不正競争(2条1項7号)に該当する。

⇨「正当に示された」とは、何らかの<u>契約関係・信義則上</u>の関係に基づいて示されたことをいう。

⇨<u>直接</u>の取得者による行為が対象である。

(2)営業秘密を保有者から正当に示された従業員等が、図利・加害目的又は<u>守秘義務違反</u>により開示(<u>不正開示</u>)した当該営業秘密を<u>悪意・重過失</u>により取得した<u>転得者</u>が、その営業秘密を<u>使用・開示</u>する行為は、不正競争(2条1項8号)に該当する。

⇨<u>取得時に悪意・重過失であった転得者の行為が対象である。</u>

(3)営業秘密を保有者から正当に示された従業員等の不正開示について<u>善意・無重過失</u>で取得した転得者が、営業秘密の取得後に<u>悪意・重過失</u>となって<u>使用・開示</u>する行為は、不正競争(2条1項9号)に該当する。

⇨<u>取得時に善意・無重過失、取得後に悪意・重過失となった転得者の行為が対象である。</u>

(4)不正に取得した<u>技術上の秘密</u>を使用して製造された物品(<u>侵害物品</u>)を<u>譲渡等</u>する行為は、不正競争(2条1項10号)に該当する。

⇨<u>営業上の秘密</u>を使用して製造された物品を譲渡等する場合や、結果物の転得者が<u>善意・無重過失</u>の場合には、本号に該当しない。

学習日	月　日	月　日	月　日	月　日
正答数	／5	／5	／5	／5

◉ 出た過去問！ 出る予想問！ **目標4分で答えよう** ◉

❏ 勤務先の営業秘密を、退職後に第三者に開示する行為は、その勤務先との間の退職時の契約書において守秘義務を定める規定が設けられていない限り、<u>営業秘密に係る不正競争とならない</u>。[H26-41]　　　　　　　　☞(1)答✕

❏ 飲酒により口が軽くなる従業員が、宴席で勤務先の営業秘密を第三者に話してしまう行為は、<u>営業秘密に係る不正競争となる</u>。[H26-41]　　　　　　　　　　　　　☞(1)答✕

❏ 甲の営業秘密につき、乙が秘密を守る法律上の義務に違反して丙に開示し、丙はこれを使用している。この場合、丙は、乙が守秘義務に反して開示したことを知りあるいは重大な過失により知らないで、これを<u>取得した場合でなければ、丙のこれを使用する行為は不正競争とならない</u>。[H15-12]　　　　　　　　　　　　　　　　　　☞(3)答✕

❏ 不正に取得した営業上の秘密を使用することにより生じた物を譲渡等する行為は、<u>不正競争防止法第2条第1項第10号の不正競争に該当する</u>。[予想問]　　　　☞(4)答✕

❏ 甲は、産業機械のメーカーである乙社が保有する、産業ロボットの組立技術に関する営業秘密を不正に取得し、これを使用して産業ロボットを製造した。丙は、営業秘密侵害品であることについて<u>重過失なく知らないで甲から当該産業ロボットを購入し、丁に譲渡した。この場合、丙による丁への譲渡行為は、不正競争となる</u>。[R1-著不9]　☞(4)答✕

1 限定提供データの要件(2条7項)

(1)限定提供データとして保護を受けるためには、以下の要件を満たすことが必要である。

　①業として特定の者に提供する情報であること(限定提供性)。

　⇨「特定の者」の人数は問わない。

　⇨実際には提供していなくても、反復継続の意思があれば、「業として」に当たる。

　②電磁的方法により相当量蓄積されていること(相当蓄積性)。

　③電磁的方法により管理されていること(電磁的管理性)。

　④技術上又は営業上の情報であること。

　⇨違法な情報等は含まない。

　⑤秘密として管理されていないこと。

2 不正取得類型(2条1項11号～13号)

(2)不正の手段により限定提供データを取得・使用・開示する行為は、不正競争に当たる。

⇨これに該当するのは、直接の取得者の行為である。

⇨不正の手段とは、詐欺・強迫等、違法性のある行為をいう。

(3)不正の手段により限定提供データを取得したことを転得者が知って(悪意)、取得・使用・開示することは、不正競争に当たる。

⇨これに該当するのは、転得者の行為である。

⇨重過失による取得は、不正競争に当たらない。

(4)不正の手段により限定提供データを取得したことを転得者が取得後に知って、開示することは、不正競争に当たる。

⇨転得者の行為であるが、使用は該当しない。

学習日	月 日	月 日	月 日	月 日
正答数	／9	／9	／9	／9

● 出た過去問！ 出る予想問！ 目標 **4** 分で答えよう ●

❑ 限定提供データは、営業秘密と異なり、特定の者に提供するものでなければならない。[予想問] ☞(1)答○

❑ データ保有者が繰り返しデータ提供を行っている場合は、「業として」に該当する。[予想問] ☞(1)答○

❑ データ保有者が翌月からデータ販売を開始する旨をホームページ等で公表している場合でも、「業として」に該当する場合がある。[予想問] ☞(1)答○

❑ 限定提供データは、特定の者に提供するものであり、かつ、<u>相当の人数の者に提供するもの</u>でなければならない。[予想問] ☞(1)答×

❑ 限定提供データは、技術上、営業上の情報であれば<u>違法な情報も含まれる</u>。[予想問] ☞(1)答×

❑ 限定提供データであるためには、営業秘密と同様に<u>不特定人に知られていないことが必要である</u>。[予想問] ☞(1)答×

❑ 不正の手段により取得した限定提供データを第三者に開示することは、不正競争に当たる。[予想問] ☞(2)答○

❑ 不正の手段により取得した限定提供データを、転得者が<u>重過失により知らないで取得した後</u>の使用行為は、不正競争に当たる。[予想問] ☞(3)答×

❑ 不正の手段により取得した限定提供データを、転得者がデータ取得後に知って<u>使用すること</u>は、不正競争に当たる。[予想問] ☞(4)答×

1 著しい信義則違反型(2条1項14号〜16号)

(1)限定提供データ保有者から当該データを示された者が、取得したデータを使用・開示する行為が「不正競争」となるためには、図利・加害目的が必要である(2条1項14号)。

⇨使用行為が不正競争となるのは、限定提供データの管理に係る任務に違反して行う場合に限られる。

(2)限定提供データについて、①限定提供データ不正開示行為であること、又は、②限定提供データ不正開示行為が介在したことにつき、悪意で取得・使用・開示する行為は、不正競争に当たる(2条1項15号)。

⇨過失による場合は、不正競争にならない。

(3)第三者が限定提供データを取得した時には善意であるが、事後的に悪意になり、取得した限定提供データを開示することは、不正競争に当たる(2条1項16号)。

⇨悪意となった後に使用する行為は、不正競争にならない。

2 時効・効力の制限規定

(4)限定提供データを継続使用する行為は、知ったときから3年、行為開始から20年の時効にかかる(15条2項)。

(5)相当量蓄積されている情報が、無償で公衆に利用可能となっている情報と同一である場合、限定提供データを使用等する行為は、不正競争に当たらない(19条1項8号ロ)。

3 刑　事　罰

(6)限定提供データに関する不正競争には、刑事罰を科さない。

学習日	月　日	月　日	月　日	月　日
正答数	／6	／6	／6	／6

○ 出た過去問！　**目標4分で答えよう** ○
　 出る予想問！

❏ 行為者が目的外使用禁止や第三者開示禁止の義務を認識している場合であっても、過失により契約で許された範囲を超えて当該データを使用又は開示する行為は、図利加害目的がなく、不正競争に当たらない。[予想問]　☞(1)答○

❏ 限定提供データについて限定提供データ不正開示行為であること又は限定提供データ不正開示行為が介在したことを知らなかったことにつき重過失で取得することは、不正競争に当たる。[予想問]　☞(2)答×

❏ 限定提供データ不正開示行為があったことにつき、第三者が限定提供データを取得した時には善意であるが、事後的に悪意になり、取得した限定提供データを使用する行為は、不正競争である旨規定されている。[予想問]　☞(3)答×

❏ 限定提供データに関する不正競争が継続していても、差止請求が認められない場合がある。[予想問]　☞(4)答○

❏ 政府提供の統計データや、インターネット上で自由に閲覧可能なデータ等を使用する行為は、不正競争に当たらない。[予想問]　☞(5)答○

❏ 限定提供データは営業秘密と似ているので、その使用行為等が刑事罰の対象となることがある。[予想問]　☞(6)答×

1 視聴等機器技術的制限無効化行為(2条1項17号)

(1)営業上用いられている技術的制限手段により制限されている影像の視聴等を、当該技術的制限手段の効果を妨げることにより可能とする機能を有する装置、当該機能を有するプログラム・指令符号(シリアルコードや暗号解除キー)を記録した記録媒体又は記憶した機器を譲渡等する行為は、不正競争に該当する。

⇨個人情報保護・国防目的は「営業上」の目的に当たらない。

⇨「影像」は、著作物に限定されない。

⇨単なる製造行為だけでは、不正競争に該当しない。「譲渡等」により流通段階に置くことが必要である。

(2)無効化する行為そのものは、不正競争ではない。当該技術的制限手段の効果を妨げることにより影像の視聴等を可能とする役務を提供する行為が、不正競争である。

2 原産地等誤認惹起行為(2条1項20号)

(3)商品・役務若しくはその広告等にその商品等の原産地・品質等を誤認するような表示をし、又はその表示をした商品を譲渡等する行為は、不正競争に該当する。

⇨「広告」は、どのような媒体によるものでもよい。

⇨比較広告については、真実の情報に基づくものであれば、比較それ自体は不正競争とならない。

⇨暗示的表示にすぎない場合でも、誤認を生じさせるような表示であれば、不正競争となる。

(4)国や公的機関の認定があるかのような表示、特許発明の実施品であるかのような表示は、誤認表示に該当し得る。

学習日	月　日	月　日	月　日	月　日
正答数	／6	／6	／6	／6

出た過去問！
出る予想問！　**目標 4 分で答えよう**

❏ 防衛省が国防上の理由からアクセスを制限しているデータ
ベースについて、アクセスを可能とするプログラムを提供
する行為は、不正競争とならない。[H30-著不3]　☞(1)答○

❏ 情報提供サービスに用いられている技術的制限手段を回避
して複製する装置を販売することは、提供されている情報
が著作物である場合に限り、不正競争となる。[H16-34]

☞(1)答×

❏ 複製を禁止するような、技術的制限手段を施したゲームを
複製する機能のみを有するプログラムを作成する行為は、
不正競争となる。[H15-53改]　☞(1)答×

❏ 映画に施されている技術的制限手段を解除することは、常
に技術的制限手段に係る不正競争となる。[H26-8改]

☞(2)答×

❏ 家電メーカー甲社は、自社の販売するエアコンの節電機能
が競合メーカー乙社の販売するエアコンよりも優れている
ことを示すために、乙社のエアコンの商標を明示して乙社
製エアコンと自社製エアコンの客観的機能を比較する表を
付した雑誌広告を行った。甲社の行為は不正競争となる。
[H24-6]　☞(3)答×

❏ 国産の商品であるのに、特定の外国の文字を用いた文を当
該商品に表示するなどして外国製であるかのように暗示す
る行為は、不正競争とならない。[H25-33]　☞(3)答×

1 競争者営業誹謗行為

(1)競争関係にある他人の営業上の信用を害する虚偽の事実を告知又は流布する行為は、不正競争（2条1項21号）に該当する。

⇨「競争関係」になければ、不正競争に該当しない。

⇨「虚偽の事実」とは、客観的真実に反する事実のことである。行為者が虚偽であると思っていた場合であっても、客観的に真実であれば、不正競争とならない。

⇨侵害の警告・訴訟提起は、訴訟活動として正当になされた行為であれば違法性がなく、仮に提起後に敗訴が確定しても、不正競争とならない。しかし、相手方の取引先に対して相手方が侵害者であると告知した後に敗訴が確定した場合等には、本号に該当することがある。

⇨競争者営業誹謗行為には、不正競争防止法上の刑事罰は科されない。

2 代理人等商標無断使用行為

(2)パリ条約同盟国・世界貿易機関加盟国・商標法条約の締約国の商標権者の代理人、又は1年前まで代理人であった者が、①正当な理由なく、②本国商標権者の承諾を得ないで、③本国商標権者の登録商標と同一又は類似する商標の使用をする行為は、不正競争（2条1項22号）に該当する。

⇨過去1年前まで代理人であった者の使用等も、不正競争となる点に注意を要する。

⇨代理人等商標無断使用行為には、刑事罰は科されない。

学習日	月 日	月 日	月 日	月 日
正答数	／6	／6	／6	／6

出た過去問！
出る予想問！ 目標 **4** 分で答えよう

❏ 甲社は、その社長である乙の丙社に対する個人的な恨みから、競争関係の存在しない丙社の営業上の信用を害する虚偽の事実を流布し、丙社は営業上の利益を侵害された。甲社の行為は、信用の毀損に係る不正競争となる。[R1-著不10] ☞(1)答✕

❏ 甲社が、乙社が脱税しているという情報を乙社の経理責任者から得て、乙社の顧客に告知した。甲社が、その情報が真実であると確信していた場合であっても、実際には虚偽（実際には真実ではなかった場合）であったときは、甲社の行為は、不正競争となる。[H29-著不7改] ☞(1)答○

❏ 著作権者が、自己の著作権を侵害していると思料した者に、その著作権の侵害訴訟を提起し、敗訴した場合、その訴えの提起は、不正競争となる。[H20-6] ☞(1)答✕

❏ 著作権者が、自己の著作権を侵害している者がいると思料した場合に、その者の氏名を、著作権の侵害を行っている者として取引先に告知して、取引の停止を求め、その後、その者に対する著作権侵害訴訟で敗訴した場合でも、その取引先への告知は、不正競争とならない。[H20-6] ☞(1)答✕

❏ パリ条約同盟国の事業者の日本における輸入総代理店が、その事業者により当該同盟国において登録されている商標と同一の商標を、代理店契約終了後に日本で使用する行為は、不正競争とはならない。[H24-19] ☞(2)答✕

❏ 代理人等商標無断使用行為は、不正競争防止法2条1項22号の不正競争では、刑事罰は科されない。[予想問]
☞(2)答○

1 差止請求

(1)差止請求には、損害賠償請求と異なり、相手方の故意又は過失等の主観的要件は不要である（3条1項）。

(2)差止請求できるのは、不正競争により営業上の利益を侵害され、又は侵害されるおそれがある者である（3条1項）。

⇨営業上の利益を侵害されない一般消費者や市民団体等は、差止請求ができない。

⇨フランチャイザー・フランチャイジーは、ともに差止請求ができる。

2 付帯請求

(3)差止請求に際し、廃棄・除却請求は認められるが、商品の引渡請求は認められない（3条2項）。

3 差止請求の時効消滅

(4)営業秘密に関する不正競争（2条1項10号を除く）に対する差止請求権には、消滅時効が定められている（15条1項）。

⇨この規定は、限定提供データに係る不正使用行為に準用されている（15条2項）。

(5)消滅時効の対象は、営業秘密の継続的使用に限られる。

⇨1回限りの使用・取得・開示は、継続性がないため、時効を考える余地がない。

(6)差止請求権は、不正使用の事実及びその行為を行う者を知った時から3年で消滅時効にかかる。

⇨その行為が開始されてから20年の時効期間を経過したときも、差止請求をすることができない。

⇨知る内容2つは「及び」であって「又は」でない点に注意。

学習日	月　日	月　日	月　日	月　日
正答数	／6	／6	／6	／6

出た過去問！ 出る予想問！ 目標 4 分で答えよう

❑ 不正競争防止法第2条第1項第1号の行為に対して差止請求をするには、当該行為につき不正競争の目的又は不正の目的があることを要しない。[H15-41]　　　☞(1)答○

❑ 大規模な広告活動を通じて虚偽の品質表示による不正競争が行われている場合、消費者個人に差止請求権が認められていないだけでなく、消費者団体の差止請求権も認められていない。[H23-24]　　　☞(2)答○

❑ 著名な商品等表示を使用するフランチャイズシステムにおいて、不正競争防止法上の請求権を有するのは、フランチャイザーに限られない。[H25-33]　　　☞(2)答○

❑ 商品等表示に関する不正競争については、その商品等表示を付した商品の引渡しを命じることができる。[H20-38]　　　☞(3)答×

❑ 不正競争が継続していても、差止請求が認められない場合がある。[H20-38]　　　☞(4)答○

❑ 甲は、自己の保有する営業秘密を、乙に示した。乙は、甲に損害を加える目的で、当該営業秘密を使用している。甲は、当該事実を知った時から3年を経過したとしても、乙の使用開始時から20年間、乙の使用行為に対する差止請求権を失うことはない。[H23-1]　　　☞(6)答×

12 損害賠償

1 損害賠償の請求権者

(1)不正競争に基づく損害賠償請求ができるのは、営業上の利益を侵害された者である。相手方に故意又は過失が必要。

⇨フランチャイザー・フランチャイジー又は商品化事業を営むグループ等は、損害賠償請求ができる。

⇨一般消費者は、損害賠償請求ができない。

2 損害賠償の時効

(2)不正競争に基づく損害賠償請求権には、民法724条の規定が適用される（知ってから3年、行為から20年の消滅時効）。

⇨営業秘密・限定提供データに関する不正競争の損害賠償では、差止請求権の時効消滅後の営業秘密等の使用による損害については、請求できない（4条但書）。

3 損害額等の立証の軽減規定（5条1項〜3項）

(3)損害額の立証については、次の軽減規定がある。

①5条1項＝被侵害者の販売能力を限度として、［侵害者の譲渡数量］×［被侵害者の単位数量あたりの利益額］を算定方法とする規定。➡2条1項1号〜16号・22号の不正競争に適用。なお、2条1項4号〜9号の不正競争は、技術上の秘密に関するものに限り、顧客リストなどの営業上の秘密を含まない。

②5条2項＝侵害者の利益額を損害額と推定する規定。➡全ての不正競争に適用。

③5条3項＝使用料相当額を損害額とする規定。➡2条1項1号〜9号・11号〜16号・19号・22号に適用。

(4)3倍賠償ルールは、我が国では採用されていない。

学習日	月 日	月 日	月 日	月 日
正答数	／7	／7	／7	／7

出た過去問！出る予想問！ 目標 **4** 分で答えよう

☐ 事業者が、商品の広告にその品質を誤認させるような記載をしている場合、当該広告の記載を信じてその商品を購入した一般消費者は、不正競争防止法に基づく損害賠償を請求できる。[H30- 著不4]　　　　　　　　　☞(1)答×

☐ 著名表示冒用行為（2条1項2号）の不正競争に基づく損害賠償請求権は、時効にかかることはない。[予想問]
　　　　　　　　　　　　　　　　　　　　　　　　☞(2)答×

☐ 外国の商標権者の日本における代理人による商標の使用による不正競争に対する損害賠償請求については、侵害行為を組成した物の譲渡数量を基準とする損害額が認められる。[H16-24]　　　　　　　　　　　　　　　☞(3)答○

☐ 侵害組成物の譲渡数量を基準とする損害額の推定規定（不正競争防止法第5条第1項）は、顧客名簿が営業秘密となっている場合には、適用されない。[H25-5]　　☞(3)答○

☐ 製造工程に関する営業秘密の使用による不正競争については、その工程によって製造された製品の販売によって得た利益が損害額とみなされる。[H27-36]　　☞(3)答×

☐ 不正競争（2条1項22号）によって、営業上の利益を侵害された者が、侵害者に対して損害賠償を請求する場合、受けた損害の額として、使用料相当額を請求することができるとする規定は、設けられていない。[R1- 著不8改] ☞(3)答×

☐ 商品等表示の使用による悪意の不正競争に対する損害賠償については、侵害者が侵害によって得た利益の3倍を上限とする損害賠償が認められる。[H16-24]　　　☞(4)答×

1　外国の国旗等の商業上の使用禁止 (16条)

(1)外国国旗等類似記章は、何人も商標として使用できない。

⇨但し、外国の官庁の許可を受けたものは、使用できる。

⇨外国国旗等類似記章とは、外国の国旗・紋章等の記章の
　うち経済産業省令で定めるものと同一又は類似のもの。

(2)上記(1)のほか、外国紋章は、商標としての使用か否かに
　かかわらず、商品の原産地を誤認させるような方法で使
　用することはできない。

⇨但し、外国の官庁の許可を受ければ、使用できる。

⇨外国紋章とは、経済産業省令で定める外国の国の紋章。

⇨上記(1)と異なり、本規制の対象は、紋章に限られる。

(3)外国政府等類似記号は、何人も商標として使用できない。

⇨但し、外国の官庁の許可を受けたものは、使用できる。

⇨外国政府等類似記号とは、外国の政府等の監督用・証明
　用の印章等のうち経済産業省令で定めるものと同一又は
　類似のもの。

⇨商品又は役務が同一又は類似でないものは、使用できる。

2　国際機関の標章の商業上の使用禁止 (17条)

(4)国際機関類似標章は、何人も、当該国際機関と関係があ
　ると誤認させる方法で、商標として使用できない。

⇨但し、国際機関の許可を受けたものは、使用できる。

⇨国際機関類似標章とは、国際機関を表示する標章のうち経
　済産業省令で定めるものと同一又は類似のもの。

⇨国際オリンピック委員会の標章も、本規制の対象となる。

⇨本規定と類似した規定が商標法にもある（商4条1項3号）。

学習日	月 日	月 日	月 日	月 日
正答数	／6	／6	／6	／6

出た過去問！ 出る予想問！ **目標4分で答えよう**

❏ 何人も、経済産業省令に定めがある外国の国旗と同一又は類似のものは、常に使用することができない。[予想問]
☞(1)答×

❏ 外国の国の紋章で経済産業省令に定めがあるものを、商標として使用しない場合であっても、外国の官庁の許可を受けなければ使用できない場合がある。[予想問] ☞(2)答○

❏ 何人も、外国の政府等の監督用、証明用の印章等と同一又は類似のものを、商標として使用する場合であっても、使用することができる場合がある。但し、外国の官庁の許可は受けていないものとする。[予想問] ☞(3)答○

❏ 国際機関を表示する標章であって経済産業省令に定めがあるものを、当該国際機関の許可を受けずに使用することができる場合がある。[予想問] ☞(4)答○

❏ 不正競争防止法第17条（国際機関の標章の商業上の使用禁止）の国際機関を表示する標章には国際オリンピック委員会の標章が含まれる。[予想問] ☞(4)答○

❏ 不正競争防止法第17条（国際機関の標章の商業上の使用禁止）に相当する規定は商標法にもあり、出願をした場合には拒絶理由等となる。[予想問] ☞(4)答○

1　普通名称等・自己の氏名の使用等に関する適用除外

⑴商品・営業の普通名称、又は同一類似の商品等に慣用されている商品等表示を普通に用いられる方法で使用等する場合には、不正競争に該当しない(19条1項1号)。

⇨普通名称も、後日識別力を有すれば、商品等表示になる。

⇨ブドウを原材料とする物の原産地の名称で普通名称となったもの(例シャンパン)は適用除外とはならず、差止請求等の対象となる(19条1項1号かっこ書)。

⑵自己の氏名を不正の目的でなく使用する場合には、不正競争に該当しない(19条1項2号)。

⇨当該使用により営業上の利益を侵害される者又はそのおそれのある者は、混同防止表示請求ができる(19条2項)。

2　先使用に基づく適用除外

⑶他人の商品等表示が周知になる前から、不正の目的でなく使用している場合には、不正競争に該当しない(19条1項3号)。

⇨使用開始の先後にかかわらず、周知になる前から使用していればよい。

⇨当該使用により営業上の利益を侵害される者又はそのおそれのある者は、混同防止表示請求ができる(19条2項)。

⑷他人の商品等表示が著名になる前から、不正の目的でなく使用している場合には、不正競争に該当しない(19条1項4号)。

⇨使用開始の先後にかかわらず、著名になる前から使用していればよい。

学習日	月 日	月 日	月 日	月 日
正答数	／6	／6	／6	／6

出た過去問！
出る予想問！ 目標**4**分で答えよう

❏ いったん商品の普通名称となった表示でも、後日、普通名称でなくなれば、商品等表示として保護されることがある。
[H25-28]　　　　　　　　　　　　　　☞⑴瞥〇

❏ 山梨県の甲州市で製造される発泡性ぶどう酒に、甲州産シャンパンという表示を付して販売することは、需要者はその発泡性ぶどう酒がシャンパーニュ産であると誤認しないので、不正競争防止法第2条第1項第20号の適用除外となる。[H30- 著不1改]　　　　　　　　☞⑴瞥✕

❏ 不正の目的なく自己の氏名を商品等表示として使用する行為は、その氏名が他人の商品等表示として周知性を獲得している場合であっても、不正競争防止法第2条第1項第1号の適用除外となる。[H30- 著不1]　　　　　☞⑵瞥〇

❏ 他人の周知な商品等表示と同一の商品等表示の使用について不正競争防止法第2条第1項第1号の適用が除外される場合、自己の商品との混同を防ぐのに適当な表示を付すよう請求できる。[H30- 著不1改]　　　　　　　☞⑶瞥〇

❏ 表示Aは、甲の商品等表示として著名である。乙が、表示Aが著名になる前から、不正の目的なく表示Aを使用している場合には、表示Aが著名性を獲得した時点で、乙の商品等表示として周知性を獲得していない場合でも、不正競争となることはない。[R1- 著不6]　　　　☞⑷瞥〇

❏ ある商品等表示が他人の著名表示となった時点において、旧来から当該表示を使用していた者は、その時点以後も、当該表示と同一の表示を不正の目的なく使用し続ける場合、不正競争とならない。[H25-33]　　　　　　　☞⑷瞥〇

⬛1 形態模倣に対する適用除外

(1)最初の<u>国内販売</u>の日から<u>3年</u>経過した商品については、その商品の形態を模倣した商品を<u>譲渡等</u>した場合であっても、不正競争に該当し<u>ない</u>（19条1項5号イ）。

⇨<u>外国販売</u>の日から3年ではないことに注意せよ。

(2)形態模倣商品であることにつき<u>善意・無重過失</u>で当該商品を譲り受けた者が、その商品を<u>譲渡等</u>する場合には、不正競争に該当し<u>ない</u>（19条1項5号ロ）。

⇨<u>譲受時</u>に善意・無重過失であればよく、<u>その後に悪意</u>となっても、適用除外を受けられる。

⬛2 営業秘密等に関する不正競争に対する適用除外

(3)不正取得・開示について<u>善意・無重過失</u>で、取引によって取得した営業秘密を、その権限の範囲内で<u>使用・開示</u>する場合には、不正競争に該当し<u>ない</u>（19条1項6号）。

⇨営業秘密の<u>取得時</u>に善意・無重過失であればよい。

⇨権原の範囲を超えた使用・開示は、不正競争に該当する。

⇨<u>善意</u>で取得した限定提供データも同様（19条1項8号イ）。

(4)相当量蓄積されている情報が<u>無償で公衆に利用可能</u>となっている情報と同一の限定提供データを<u>取得・使用・開示</u>する行為は、不正競争に該当し<u>ない</u>（19条1項8号ロ）。

⬛3 <u>その他の適用除外（19条1項9号）</u>

(5)技術的制限手段の<u>試験・研究</u>のため、その<u>無効化装置等</u>を譲渡・使用等する場合には、不正競争に該当し<u>ない</u>。

⇨試験・研究のために用いる主体が<u>営利企業</u>であるか否かは問わない。

学習日	月　日	月　日	月　日	月　日
正答数	／5	／5	／5	／5

● 出た過去問！ 出る予想問！ 目標 **4** 分で答えよう ●

❑ 財布Aが、約1年前に日本国内において販売が開始された。Aが、イタリアにおいて、3年以上前から販売されていた場合であっても、Aとそっくりの財布を製造し、販売する行為は、不正競争となる。[H23-29]　　☞(1)答○

❑ 不正競争防止法第2条第1項第3号に基づく商品形態の保護は、世界貿易機関の加盟国のいずれかで販売した時から3年に限られる。[H21-16]　　☞(1)答×

❑ 甲が商品化した財布Aについて、乙がAの商品形態をそっくりまねた財布Bを製造した場合において、乙が丁にBを譲り渡した時点で、丁は、BがAの模倣品であることを知らず、かつ知らなかったことにつき重大な過失がなかったとしても、丁がBを販売する時点で、BがAの模倣品であることを知っていた場合は、不正競争防止法上の責任を負う。[H28-著不7]　　☞(2)答×

❑ 甲は、乙社の営業秘密である設計図を窃取し、丙社に当該設計図を譲渡した。丙社は、譲受けの時点で、甲の窃取行為を知らず、かつ知らないことにつき重大な過失がなかった。その譲受け後、丙社は、報道で甲の窃取行為を知るにいたった。その後、丙社が当該設計図を下請け会社に提供することは、不正競争となる。[H25-9]　　☞(3)答×

❑ 甲は、乙社に対し、映画のDVDに付されたコピープロテクションを回避するための装置を有償で譲渡した。乙社が、コピープロテクションの研究のためにその装置を入手した場合は、乙社が営利会社であっても、甲の行為は、不正競争とならない。[H29-著不7]　　☞(5)答○

1 混同防止表示請求をすることができる場合

(1)周知な商品等表示をする者は、①先使用による適用除外、②自己の氏名等を不正目的でなく使用等する場合の適用除外を受ける使用継続者に対し、混同防止表示を付すように請求することができる（19条2項）。

⇨著名表示冒用行為（2条1条2号）に対する先使用による適用除外を受ける使用継続者に対しては、混同防止表示請求をすることができない。著名表示冒用行為は、混同を要件としないからである。

2 混同防止表示請求の対象となる者

(2)混同防止表示請求を受ける対象者は、適用除外により自己の氏名を使用し、自ら譲渡等している者である。

⇨上記の者から譲渡され、販売のみを行う単なる流通業者に対してまで、混同防止表示請求をすることはできない。

3 営業秘密に関する不正競争に対する罰則（21条1項1号～5号）

(3)図利・加害目的で、違法に営業秘密を取得した者、使用・開示した者には、刑事罰が科される。

(4)図利・加害目的で、管理任務に背き、営業秘密を記録媒体等に化体させて領得した者、使用・開示した者には、刑事罰が科される。

(5)図利・加害目的で、営業秘密の管理に係る任務に背き、その営業秘密を使用・開示した役員又は従業者には、刑事罰が科される。

⇨営業秘密が営業秘密記録媒体等に記録されていることを要件としない。

学習日	月　日	月　日	月　日	月　日
正答数	／6	／6	／6	／6

出た過去問！出る予想問！ 目標 **4** 分で答えよう

❏ 他人の周知な商品等表示と同一の商品等表示の使用について不正競争防止法第2条第1項第1号の適用が除外される場合、当該使用により営業上の利益を侵害されるおそれのある者は、当該使用する者に対して、自己の商品との混同を防ぐのに適当な表示を付すよう請求できる。[H30-著不 1]

☞(1)答○

❏ 甲は、乙の当該使用が不正競争防止法第2条第1項第2号の不正競争に該当する場合において、乙が、Aが著名となる前から、不正の目的でなくBを使用しているときには混同を防ぐのに適当な表示を付すべきことを請求することができる。[H14-12 改]

☞(1)答×

❏ 甲の周知表示と同一の氏名を有する乙が、不正競争の目的なく自己の氏名を使用した商品を流通業者丙に譲渡した場合、甲は、丙がその商品を販売することを差し止めることはできないものの、丙に対して、甲の商品又は営業との混同を防ぐのに適当な表示を付すべきことを請求できる。[H20-28]

☞(2)答×

❏ 不正の目的で違法に営業秘密を取得した者、使用・開示した者には、刑事罰が科される。[予想問]

☞(3)答×

❏ 図利・加害目的で管理任務に背き、営業秘密を記録媒体等に化体させて横領等した者には刑事罰が科されるが、使用・開示した者には刑事罰が科されない。[予想問]

☞(4)答×

❏ 取締役は営業秘密記録媒体等に記録されていない営業秘密を不正に開示した場合でも、不正競争防止法の刑罰規定の適用を受ける可能性がある。[H16-22]

☞(5)答○

1　周知表示混同惹起行為・原産地等誤認惹起行為に対する罰則

⑴不正の目的をもって周知表示混同惹起行為・原産地等誤認惹起行為の不正競争を行った者には、刑事罰が科される（21条2項1号）。

2　著名表示冒用行為に対する罰則

⑵他人の著名な商品等表示に係る信用・名声を利用して不正の利益を得る目的で、又は当該信用・名声を害する目的で、著名表示冒用行為の不正競争を行った者には、刑事罰が科される（21条2項2号）。

3　商品形態模倣行為に対する罰則

⑶不正の利益を得る目的で商品形態模倣行為の不正競争を行った者には、刑事罰が科される（21条2項3号）。

4　技術的制限手段回避装置の流通行為に対する罰則

⑷不正の利益を得る目的で、又は営業上技術的制限手段を用いている者に損害を加える目的で、視聴制限回避装置・プログラム等の流通行為等を行った者には、刑事罰が科される（21条2項4号）。

⇨当該役務提供を行った者も、同様である。

※上記⑴～⑷の犯罪は、全て目的犯である。それぞれに掲げる目的がなければ、刑事罰は科されない。

5　限定提供データに関する不正競争に対する罰則

⑸限定提供データに関する不正競争には、刑事罰が科されない。

● 出た過去問！出る予想問！ 目標 **4** 分で答えよう ●

❏ 不正の目的をもって、商品、役務又はその広告等に、原産地、品質、内容等について誤認させるような表示をする行為は、刑事罰の対象となる。[H30- 著不 5]　☞(1)答○

❏ 甲は、自己の販売する商品に表示Aを付しており、Aは日本国内において著名となっている。乙は、甲に無断で、自己の商品にAを付して販売した。この場合、乙が表示Aに係る甲の信用や名声を害する目的を有していない限り、乙の行為に刑事罰が適用されることはない。[H24-27]

☞(2)答×

❏ 甲が商品化した財布Aについて、乙がAの商品形態をそっくりまねた財布Bを製造販売した場合において、刑事罰の対象となるのは、乙が甲に損害を加える目的で販売したときに限られる。[H28- 著不 7]　☞(3)答×

❏ 甲が商品化した財布Aについて、乙がAの商品形態をそっくりまねた財布Bを製造した場合において、乙がBを輸出する行為は、刑事罰の対象とならない。[H28- 著不 7]

☞(3)答×

❏ 視聴料を払った者のみが視聴できるようにスクランブルを施して番組が放送されている場合に、視聴料を払わなくともその番組を視聴できるプログラムをインターネットで流通させる行為を行った者には、刑事罰が科される場合がある。[H22-43 改]　☞(4)答○

❏ 営業秘密に関する不正競争は、刑事罰の対象になる場合があるが、限定提供データに関する不正競争の場合には、刑事罰は科されない。[予想問]　☞(5)答○

1 虚偽表示に対する刑事罰 (21条2項5号)

(1)商品・役務又はその広告等に、その商品等の原産地・品質等について誤認させるような虚偽の表示をした者には、刑事罰が科される。

⇨本罪の成立に、不正の目的等の主観的要素は不要である。

2 秘密保持命令違反に違反した者 (21条2項6号)

(2)秘密保持命令に違反した者には、刑事罰が科される。

⇨本罪のみが親告罪とされている (21条5項)。

3 国際約束に基づく禁止行為に違反した場合の刑事罰 (21条2項7号)

(3)外国国旗等類似記章・外国紋章・外国政府等類似記号の商業使用禁止 (16条)、国際機関類似標章の商業使用禁止 (17条)、外国公務員等に対する不正利益供与の禁止 (18条)に違反した者には、刑事罰が科される。

⇨「外国公務員等」とは、次の者を指す。

①外国の政府等の公務に従事する者。

②公共の利益に関する特定の事務を行うために外国の法令により設立されたものの事務に従事する者。

③外国政府等が発行済み株式の過半数を有している企業等の職員 (外国国有企業の役職員)。

④国際機関の公務に従事する者。

⇨国際オリンピック委員会の委員などは含まれない。

⑤外国政府の権限に属する事務であって、これらの機関から委任されたものに従事する者。

学習日	月　日	月　日	月　日	月　日
正答数	／6	／6	／6	／6

● 出た過去問！ 出る予想問！ **目標 4 分で答えよう** ●

❑ 精米会社甲社は、自社の販売する米の品質を誤認させる虚偽の表示をした。甲社の行為は、たとえ甲社に不正の目的がなくとも、刑事罰の対象となる。[H24-6]　　☞(1)答○

❑ 裁判所の秘密保持命令に違反して、その対象となった営業秘密を使用する行為は、刑事罰の対象となる。[H29- 著不10]　　☞(2)答○

❑ 甲社の従業員である乙が、金銭を得る目的で、甲社の営業秘密が記載された文書を複製し、その複製物を丙社に売り渡した。甲社からの告訴がない場合であっても、乙の行為は、不正競争防止法上の刑事罰の対象となる。[H29- 著不 8]　　☞(2)答○

❑ 外国の国旗と類似のものを商標として使用した商品を販売したとしても、刑事罰の対象にはならない。[H29- 著不 10]　　☞(3)答×

❑ 日本法人の従業員が、我が国において、公共の利益に関する特定の事務を行うために外国の特別の法令により設立されたものの事務に従事する者に対し、国際的な商取引に関して営業上の不正の利益を得るために、その職務に関する行為をさせないことを目的として、金銭を供与した場合、その日本法人の従業員は処罰される。[H14-30]　　☞(3)答○

❑ 国際オリンピック委員会の職員に対し、国際的な商取引に関して営業上の不正の利益を得るために、その職務に関する行為をさせることを目的として、金銭を供与する行為は、罰則の対象とならない。[H14-30]　　☞(3)④答○

第2章

著作権法

1 著作物(1)

1 著作物の意義 (2条1項1号)

(1)著作物は、思想又は感情を創作的に表現したものでなければならない。

⇨独自の創作性がない模倣物等は、著作物に当たらない。

⇨映画の著作物を除き、有体物である必要はなく、即興演奏等も著作物に当たる。

⇨スポーツ自体は、著作物に当たらない。

(2)著作物は、文芸・学術・美術・音楽の範囲に属するものでなければならない。

⇨工業製品等の応用美術は、美術の範囲に属するものでない限り、通常は著作物にならない。

2 著作物の例(1)：言語の著作物 (10条1項1号・2項)

(3)言語の著作物には、小説・脚本・講演等が該当する。

⇨手紙や日記等も、言語の著作物に該当し得る。

(4)事実の伝達にすぎない雑報及び時事の報道は、言語の著作物に該当しない。

⇨例えば、人事異動記事や死亡記事等の事実をありふれた形で記述した文章は、言語の著作物に該当しない。

⇨通常の新聞記事や、新聞に掲載された写真は、著作物。

⇨書籍等の題号(タイトル)は、通常は創作性がないので、著作物ではない。

3 著作物の例(2)：音楽の著作物 (10条1項2号)

(5)楽曲(メロディー等)と歌詞からなる音楽において、歌詞は、音楽の著作物であると共に、言語の著作物でもある。

DATE & RECORD

学習日	月　日	月　日	月　日	月　日
正答数	／8	／8	／8	／8

出た過去問！出る予想問！ 目標4分で答えよう

- ❑ 現代の書家が、平安時代の高僧の書を忠実に写した書は、著作物として保護される。[H19-45] ☞(1)答×

- ❑ ジャズ演奏家甲は、ライブハウスで飛び入り出演して即興演奏を行った。演奏された曲は、甲の創作による全く新しい曲であったが、甲自身も2度と同じ曲を演奏することのできない、まさしく即興演奏であった。乙は、その演奏を秘密裏に録音してインターネット上の自分のウェブサイトにアップロードし、無料で公開した。この場合に、甲は乙に対し著作権侵害を主張できる。[H14-17] ☞(1)答○

- ❑ オリンピック競技大会のマラソン競技も著作物となる。[H17-60] ☞(1)答×

- ❑ 家具に用いられる天然木目の化粧紙も著作物となる。[H23-60] ☞(2)答×

- ❑ 刺身包丁は、著作物とはならない。[H25-39] ☞(2)答○

- ❑ 交際相手にあてた私信という程度の手紙も著作物となる。[H23-60] ☞(3)答○

- ❑ 書籍の題号は、ありふれたものでも、著作物に当たる。[R1-著不1] ☞(4)答×

- ❑ 楽曲の歌詞は、音楽の著作物であるから、言語の著作物となることはない。[予想問] ☞(5)答×

1 著作物の例⑶：舞踊又は無言劇の著作物（10条1項3号）

⑴舞踊又は無言劇は、著作物となる。

⇨ダンス（即興を含む）・バレエ・パントマイム等が該当する。

⇨著作物となるのは、あくまで演技の型や振付けであり、演技自体は、著作物ではない。

2 著作物の例⑷：美術の著作物（10条1項4号、2条2項）

⑵美術の著作物には、絵画・版画・彫刻等が該当する。

⇨漫画等のキャラクター自体は、著作物ではない。

⇨書家の「書」も、美術の著作物に該当するが、印刷用書体は、独創性と、それ自体が美術鑑賞の対象となり得る美的特性を備えない限り、著作物とはいえない。

⑶美術の著作物には、美術工芸品が含まれる。

⇨美術工芸品以外の応用美術（量産性があるもの）は、通常は著作物にならないが、純粋美術と同視できる程度の美的創作性があれば、著作物となり得る。

3 著作物の例⑸：建築の著作物（10条1項5号）

⑷建築物は、著作物となる。

⇨通常の一般住宅は、建築の著作物とはならない。

4 著作物の例⑹：図形の著作物（10条1項6号）

⑸地図や図表等は、思想感情を創作的に表現したものであれば、図形の著作物となる。

⇨設計図は、設計対象の機械が著作物でない場合であっても、図面として創作性があれば、著作物として保護される。

学習日	月　日	月　日	月　日	月　日
正答数	／10	／10	／10	／10

出た過去問！出る予想問！ 目標 **4** 分で答えよう

❏ 即興のダンスで創作性のあるものは、著作物となる。[H27-10]　☞(1)쯉○

❏ パントマイムも、著作物となる。[H23-60]　☞(1)쯉○

❏ 小説の主人公であるシャーロック・ホームズのキャラクターは著作物ではない。[H18-60]　☞(2)쯉○

❏ 印刷用書体は、それが美術鑑賞の対象となり得る美的特性を備えていなくても、独創性を備えていれば、著作物に当たる。[R1-著不1]　☞(2)쯉✕

❏ 応用美術作品について意匠権を取得した者は、もはや当該作品について著作権の保護を受けることはできない。[H16-29]　☞(3)쯉✕

❏ 学校の教室に備え付けられた生徒用の椅子でも著作物として保護される。[H17-60]　☞(3)쯉✕

❏ 応用美術作品は、美術工芸品を除き、美術の著作物として保護されない。[H29-著不1]　☞(3)쯉✕

❏ 建売住宅は、建築の著作物とはならない。[H25-39]　☞(4)쯉○

❏ 一般的な注文住宅も、通常加味される程度の美的創作性を備えていれば、建築の著作物として保護される。[H29-著不1]　☞(4)쯉✕

❏ 工作機械が著作物とならない以上、工作機械の設計図も著作権では保護されない。[H20-54]　☞(5)쯉✕

必ず出る！基礎知識　目標 6 分で覚えよう

1　著作物の例⑺：映画・写真・プログラムの著作物

(1)映画は、著作物となる（10条1項7号）。

⇨ゲームソフト等も、著作物に含まれ得る（2条3項参照）。

(2)写真は、著作物となる（10条1項8号、2条4項参照）。

⇨被写体を忠実に撮影しただけの写真は、著作物ではない。

(3)プログラムは、著作物となる（10条1項9号）。

⇨あまりにも短いプログラムは、創作性がないため、著作物とならない。

2　二次的著作物

(4)二次的著作物とは、著作物を翻訳・編曲・変形・脚色・映画化し、その他翻案することにより創作した著作物である（2条1項11号）。

⇨二次的著作物も、それ自体に創作性等がないと、著作物として保護されない。

　例文字を点字に置き換えただけの場合

⇨二次的著作物を利用する場合は、原著作物の著作権者と二次的著作物の著作権者の両者の許諾が必要である。

⇨原著作物の著作権者に無断で二次的著作物を創作した場合でも、当該二次的著作物は保護される。

3　共同著作物の成立要件

(5)共同著作物となるには、共同創作性（共同創作の意思があること）と分離利用不可能性（分離して利用できないこと）が必要である（2条1項12号）。

⇨歌詞と楽曲は、分離利用可能なので、共同著作物ではない。

学習日	月 日	月 日	月 日	月 日
正答数	／8	／8	／8	／8

出た過去問！ 出る予想問！ 目標 **4** 分で答えよう

❏ 家庭用テレビゲーム機に用いられる中古ゲームソフトに関する最高裁平成14年4月25日判決では、家庭用テレビゲーム機用ゲームソフトは映画の著作物ではない、とした。
[H15-21]　　　　　　　　　　　　　　　　☞(1)答×

❏ 固定式の防犯カメラで撮影した写真は、著作物には当たらない。[R1-著不1]　　　　　　　　　　☞(2)答○

❏ 航空カメラで撮影した写真を、地図と同じ投影法になるように補正したものは、著作物となる。[H27-10]　☞(2)答×

❏ コンピュータ・プログラムでも著作物とならないものもある。[H18-60]　　　　　　　　　　　　☞(3)答○

❏ 小説を点字に変換した文書は、一般に、小説の二次的著作物に該当する。[H17-60]　　　　　　　☞(4)答×

❏ 既存の楽曲をその著作権者に無断で編曲した場合、その編曲された楽曲は、二次的著作物として保護されない。[H19-45]　　　　　　　　　　　　　　　　☞(4)答×

❏ アイドル歌手が作った詩に、高名な作曲家が曲を付けて一曲の歌謡曲を完成させた場合、当該歌謡曲は共同著作物である。[H22-5]　　　　　　　　　　　　☞(5)答×

❏ 小説家が小説を創作し、イラストレーターがその挿絵を創作した場合、完成した挿絵付き小説は小説家とイラストレーターの共同著作物とはならない。[R1-著不2]　☞(5)答○

4 編集著作物・データベースの著作物

1 編集著作物 (12条)

(1)編集著作物とは、編集物でその素材の選択又は配列によって創作性を有するものをいう。

⇨個々の素材には、著作物性がなくてもよい。

2 編集著作物の利用

(2)個々の素材にも著作物性があり、その編集物全体にも著作物性がある場合は、編集物の利用に際して、個々の素材の著作権者と、編集著作物の著作権者の両者の許諾が必要である。

⇨個々の素材を利用することに対し、編集著作物の著作権者の許諾は不要である。

(3)個々の著作物の著作権者の許諾を得ずに編集著作物を作成した場合であっても、編集著作物は保護される。

3 データベースの著作物 (2条1項10号の3、12条の2)

(4)データベースとは、論文・数値・図形等の情報の集合物であって、電子計算機を用いて検索できるように体系的に構成したものをいう。

⇨手書きの情報の集合は、データベースに該当しない。

(5)データベースは、情報の体系的な構成に創作性があれば、データベースの著作物として保護される。

⇨個々の素材には、著作物性がなくてもよい。

⇨単に全文検索を可能にしただけでは、体系的な構成による創作性は認められない。

学習日	月 日	月 日	月 日	月 日
正答数	／7	／7	／7	／7

出た過去問！出る予想問！ 目標 **4** 分で答えよう

❏ 職業別電話帳は、電話番号を配列したものに過ぎないので、著作物として保護されない。[H16-29] ☞(1)答×

❏ 名刺を50音順に並べて収納したファイルは、編集著作物にならない。[H17-60] ☞(1)答○

❏ 出版社甲が、版画家乙の版画作品から30点を選択し、独自の観点から配列した版画集を創作した。印刷会社丙が、この版画集の中から、1点を選んでポスターを作成する場合、乙のみから許諾を得ることで足りる。[H28-著不2] ☞(2)答○

❏ 他人の詩を無断で素材として収録した詩集は、たとえ素材の選択・配列に創作性が認められても、編集著作物として保護されることはない。[H17-60] ☞(3)答×

❏ 手書きの住所録はデータベースの著作物ではない。[H18-60] ☞(4)答○

❏ データベースは、個々の素材に著作物性がなくても著作物として保護される場合がある。[予想問] ☞(5)答○

❏ 交通標語を網羅的に入力しただけのデータベースであっても、全文検索が可能であれば、データベースの著作物として保護される。[H30-著不6] ☞(5)答×

1 職務著作の成立要件(15条)

(1)職務著作は、法人その他使用者の発意に基づくことが必要。

⇨使用者からの具体的な命令がなくとも、創作の意思決定が、直接又は間接に使用者の判断により行われればよい。

(2)職務著作は、法人等の従業者が作成することが必要である。

⇨正規雇用に限らず、アルバイトや派遣労働者等でもよい。

(3)職務著作は、従業者が職務上作成するものであることが必要である。

⇨勤務時間の内外は問わない。

⇨大学教授の講義は職務であるが、講義案の作成は、職務ではないので、講義案は職務著作にならない。

(4)職務著作は、法人等が自己の著作の名義の下で公表することが必要である(15条1項)。

⇨実際に公表されなかったものでも、公表するとすれば法人等の名義で公表されるものは、職務著作となり、その著作者は法人等である。

(5)職務著作となるためには、作成時に、著作者は従業員とする等の勤務規則等の特約がないことが必要である。

2 職務著作におけるプログラムの著作物の特例

(6)プログラムの場合は、法人等の名義は不要であり、他者の名義で公表した場合でも、職務著作となる。

3 職務著作の効果(15条)

(7)職務著作に該当する場合、著作者は、当該法人等となる。

⇨著作者人格権は、当該法人等に帰属し、著作権の原始帰属も、当該法人等となる。

学習日	月　日	月　日	月　日	月　日
正答数	／8	／8	／8	／8

出た過去問！ 出る予想問！ 目標 **4** 分で答えよう

❏ 漫画家に雇用された助手が描いた主人公の絵の著作者は、その絵が漫画家の指図に従って描かれたとしても、<u>その助手になる</u>。[H16-13] ☞(1)答×

❏ 甲社の従業員である乙の発明について、甲社の発表するプレス・リリースに含めるため、甲社における乙の上司の指示に基づき、乙が説明図を作成した。当該説明図に関する著作権は、甲社に原始的に帰属する。[H21-23] ☞(1)答○

❏ 観光ビザにより我が国に滞在した外国人は、雇用契約により<u>会社において労務として図画を作成した場合でも、著作者となる</u>。[H23-50] ☞(2)答×

❏ アルバイトの学生が勤め先の企業で作成した著作物について、その企業が著作者となる場合がある。[H19-7] ☞(2)答○

❏ 私立大学教授の講義案で、その大学教授が自己の著作の名義の下に公表するものの著作者は、その大学教授である。[H14-7] ☞(3)(4)答○

❏ 新聞社の従業員が新聞に掲載するために多数の記事を執筆し、そのうちの一部が実際に新聞に無記名で掲載されたという場合、<u>残りの記事については従業員が著作者となる</u>。[H16-13] ☞(4)答×

❏ プログラムの作成を他社に委託し、名義を委託会社のものとして公表する場合、当該プログラムは受託会社の職務著作となる場合がある。[予想問] ☞(6)答○

❏ 法人も、著作者人格権を取得する場合がある。[H23-4] ☞(7)答○

6 公表権

◎ 必ず出る！ 基礎知識 目標 6 分で覚えよう ◎

1 公表権 (18条1項前段)

(1)公表権は、著作者人格権の一つであるから、著作者のみ
が当該権利を有する (59条参照)。

(2)著作者は、公衆に対し、いつ、どのように著作物を提示
するかを自由に決めることができる。

⇨「公衆」とは、不特定人又は特定多数人をいう (2条5項)。
家族など特定少数人に見せても、公表権侵害にはならない。

(3)公表権の対象となるのは、未公表著作物と、著作者の同
意なく公表された著作物である。

⇨著作者が同意して公表されると、公表権は消滅する。

2 二次的著作物と公表権 (18条1項後段)

(4)二次的著作物を公表する場合、原著作物が未公表である
ときは、二次的著作物の公表に際し、原著作者の承諾が
必要である。

3 公表の推定 (18条2項)

(5)次の場合、著作者は、公表に同意したものと推定される。
①著作権を譲渡した場合。
②美術・写真の著作物の原作品の所有権を譲渡した場合。
③29条により著作権のみが映画製作者に帰属した場合。

⇨同意したと「みなされる」わけではない点に注意せよ。

⇨あくまでも推定に止まるので、公表しないという特約が
付されていた場合には、著作権を譲渡したときでも、特
約を破った著作権者に対し、公表権の主張をすることが
できる。

● 出た過去問！ 出る予想問！ **目標4分で答えよう** ●

☐ 甲が乙に対して、絵画が完成したならばそれを公表することについて承諾していた場合、その絵画を甲が完成する前に、乙がその絵画を無断で公表しても、甲の公表権を侵害しない。[H20-12]　　　　　　　　　　☞(2)答×

☐ 芸能人甲が交際相手乙に宛てて書き送った手紙を、乙が友人丙に見せる行為は、甲の公表権を侵害する。[H27-48]
　　　　　　　　　　　　　　　　　　　　　　☞(2)答×

☐ 著作者が、写真の著作物を芸術写真の専門誌で公表した後に、その著作者の意に反して他人が一般の書籍でその写真を公表した場合、公表権の侵害となる。[R1-著不4]
　　　　　　　　　　　　　　　　　　　　　　☞(3)答×

☐ 著作者の同意を得て著作物が公表された場合には、公表権は消滅する。[H25-18]　　　　　　　　　☞(3)答○

☐ 未公表の小説を原著作物とする二次的著作物の漫画作品について、原著作者である小説家の同意なく公表する行為は、当該小説家の公表権の侵害となる。[H29-著不4]　☞(4)答○

☐ 未公表の著作物の著作権を著作者が譲渡した場合は、公表に同意したものとみなされる。[H23-4]　　　☞(5)答×

☐ 美術の著作物の著作者が原作品を譲渡した場合には、原作品の譲渡に際し公衆に提示しない旨の特約が付されていたとしても展示会に出品する行為は公表権の侵害を構成しない。[H17-12]　　　　　　　　　　　　　　(5)答×

7 氏名表示権

1 氏名表示権(19条1項)

(1)氏名表示権とは、実名又は変名を著作者名として表示し、又は表示しないことを著作者が決める権利である。

⇨実名・変名のどちらで公表するかも決定できる。

(2)原作品の場合は、公衆に提示等しないときにも、氏名表示権が及ぶ。複製物等の場合は、公衆に提示等しなければ、氏名表示権は及ばない。

(3)原著作物の著作者の氏名表示権は、二次的著作物の公衆への提供等にも及ぶ。

⇨但し、「公衆」に対する提供等がなければ、氏名表示権侵害とはならない。

2 氏名表示権の特例(1)(19条2項)

(4)著作物を利用する者は、著作者の別段の意思表示がない場合には、すでに著作者が表示しているところに従って、著作者名を表示することができる。

3 氏名表示権の特例(2)(19条3項)

(5)著作者の表示は、著作物の利用の目的態様に照らして、著作者が創作者であることを主張する利益を害するおそれがないと認められるときは、公正な慣行に反しない限り、省略することができる。

学習日	月 日	月 日	月 日	月 日
正答数	／6	／6	／6	／6

出た過去問！出る予想問！ 目標 4 分で答えよう

❑ 短編小説が、作家の筆名を付して出版された。その作家の実名が周知になったとしても、その実名を付して当該小説を雑誌に掲載する行為は、氏名表示権の侵害となる。[H26-51]
☞(1)(4)答○

❑ 画家甲の描いた油絵の所有者乙が、当該油絵に付された甲のサインを消す行為は、その油絵を公に展示しない場合でも、甲の氏名表示権を侵害する。[H27-48] ☞(2)答○

❑ 著作物の複製物に著作者と異なる氏名表示を行ったとしても、それが公衆へ提供又は提示されない限り、氏名表示権の侵害とはならない。[H15-58] ☞(2)答○

❑ 甲が書いた小説を、翻訳家をめざす学生乙が翻訳し、その翻訳物に原著作者として甲の氏名を表示しないことは、乙がその翻訳物を自己の家族である丙以外には見せなかったとしても、甲の氏名表示権を侵害する。[H20-12] ☞(3)答×

❑ 著作物を利用する者は、常に、すでに著作者が表示しているところに従って、著作者名を表示することができる。[予想問] ☞(4)答×

❑ カフェで、BGM として楽曲を流す場合に、氏名を表示しないとしても、著作者人格権の侵害とはならない。[H23-4]
☞(5)答○

1 同一性保持権の対象及びその内容 (20条1項)

(1)同一性保持権の対象は、著作物及び著作物の題号である。

⇨著作物の題号は、著作物ではないが、同一性保持権の対象であることに注意せよ。

(2)著作者の意に反する著作物、題号の改変は、認められない。

⇨「意に反する」とは主観的なものであり、客観的に社会的評価が高まった場合でも、同一性保持権の侵害となる。

(3)元の著作物の本質的な特徴を直接感得させないほどの改変は、同一性保持権侵害とはならない。

(4)無断で翻案等をした場合は、翻案権等(27条)の侵害になるとともに、同一性保持権の侵害となる。

(5)原作品等の廃棄は、同一性保持権の侵害とはならない。

(6)改変された著作物が公衆に提供されたか否かは、同一性保持権の侵害の有無とは無関係である。

2 同一性保持権の例外 (20条2項)

(7)教育目的上、用字・用語の変更、不適切な差別用語を直す等は、同一性保持権の侵害とはならない。

(8)建築物の増築・改築・修繕・模様替えによる改変は、同一性保持権の侵害とはならない。

(9)プログラムのバグをとるような改変、効率化の改変は、同一性保持権の侵害とはならない。使用のために不可欠である必要はない。

(10)著作物の性質上やむを得ない改変の場合も、同一性保持権の侵害とはならない。

○ 出た過去問！ 出る予想問！ **目標 4 分で答えよう** ○

❑ 小説の題号の改変行為は、題号自体が著作物性を具備している場合に限り、同一性保持権の侵害を構成する。[H22-22]
☞(1)答✕

❑ 他人の小説を無断で改変した場合であっても、客観的に社会的評価が高まるような改変であれば、同一性保持権の侵害を構成しない。[H22-22]
☞(2)答✕

❑ 著作物の改変が元の著作物の本質的な特徴を直接感得させない程度に達している場合には、同一性保持権の侵害とはならない。[H16-50]
☞(3)答○

❑ 甲が作曲した楽曲を乙が編曲することは、甲の著作者人格権の侵害となることがある。[H21-58]
☞(4)答○

❑ 著作物である木像の原作品を完全に焼却する行為は、同一性保持権の侵害を構成しない。[H22-22]
☞(5)答○

❑ 条文上、同一性保持権の侵害が成立するためには、改変された著作物が公衆に提供又は提示されることを必要としていない。[H17-12]
☞(6)答○

❑ 小説を教科用図書に掲載する際に、不適切な差別用語を直すことは、学校教育の目的上やむを得ない場合であっても、小説家の同一性保持権の侵害となる。[H29-著不4] ☞(7)答✕

❑ プログラムを効率的に作動するように改変する行為は、その改変がプログラムの使用のために不可欠なものでない限り、同一性保持権の侵害となる。[H30-著不10] ☞(9)答✕

必ず出る！
基礎知識 目標 **6** 分で覚えよう

1 複　製　権(21条)

(1)他人の著作物を<u>無断</u>で複製すると、複製権侵害となる。

⇨複製に該当するには、<u>依拠性</u>と<u>類似性</u>の両方が必要。

⇨「依拠性」とは、<u>既存</u>の著作物を<u>知って</u>作り出すこと。

⇨既存の著作物を知らないことに<u>過失</u>があっても、複製権
侵害とはならない。

2 複製概念の明確化(2条1項15号)

(2)複製とは、印刷・写真・録画等の<u>有形的再製</u>をいう。

⇨脚本その他これに類する著作物を上演等(<u>無形的再製</u>)し
たものを録音・録画(<u>有形的再製</u>)することも、複製となる。

(3)建築に関する図面に従って建築物を完成することは、<u>建
築の著作物</u>の複製である。

⇨<u>図形の著作物</u>の複製ではない。

(4)<u>私的使用目的</u>で適法に複製したものを、<u>私的使用目的外</u>
で譲渡等した場合には、複製権侵害となる(49条1項1号)。

⇨私的使用目的での複製自体は、30条に該当し、原則とし
て、複製権侵害にはならない。

3 上演権及び演奏権(22条)

(5)公衆に<u>直接見せ</u>、<u>聞かせる</u>目的で上演・演奏(<u>無形的再製</u>)
をすると、上演権・演奏権の侵害となる。

⇨実際に見たのが家族など、公衆ではない<u>特定少数人</u>であ
っても、公衆に直接見せ、聞かせる目的があれば、上演
権等の侵害となる。

(6)演奏権等の侵害は、<u>生演奏</u>に限られず、<u>録音・録画物の
再生</u>による演奏等でも生じ得る(2条7項参照)。

学習日	月 日	月 日	月 日	月 日
正答数	／6	／6	／6	／6

2章

複製権・上映権・演奏権

● 出た過去問！出る予想問！ **目標4分で答えよう** ●

☐ 作曲家甲が、レコード会社乙から依頼を受けて、作曲家丙の創作した楽曲Aを知らずにAと類似性のある楽曲Bを独立に創作する行為は、Aを知らなかったことについて甲に過失がある場合でも、丙の著作権の侵害とならない。[H28-著不 4]　　　　☞(1)答〇

☐ 著作物を上演等の無形的再製したものを、録音等で有形的再製することも複製である。[予想問]　　　　☞(2)答〇

☐ 建築の著作物をその設計図に従って完成する行為は、建築の著作物の複製権と設計図の著作物の複製権の両方の侵害となる。[H30-著不 9]　　　　☞(3)答✕

☐ 画学生が、絵画の勉強のために美術館で現代作家の絵画を模写した場合、その模写をデジタル写真撮影してウェブで公開しても、当該現代作家の絵画の著作権を侵害することにはならない。[H20-19]　　　　☞(4)答✕

☐ 演奏する楽曲についてその著作権者の許諾を得ることなくコンサートを開催したが客が数人しかこなかった場合には、演奏権の侵害とはならない。[H17-7]　　　　☞(5)答✕

☐ 著作権者の許諾なく、デパートで、BGMとして、CDの音楽を流すことは、演奏権の侵害となる。[H24-50]　　　　☞(6)答〇

10 上映権・公衆送信権

1 上映権 (22条の2、2条1項17号)

(1)上映権とは、著作物を公に映写幕等に映写（上映）する権利である。

⇨映画に限られず、全ての著作物に認められる。

(2)公衆送信される著作物は、上映権の対象とならない（2条1項17号かっこ書）。

2 公衆送信権 (23条、2条1項7号の2・8号・9号の2・9号の4)

(3)公衆送信権とは、著作物を公衆送信する権利である。公衆送信権の公衆送信には、放送・有線放送・自動公衆送信（送信可能化を含む）が含まれる。

(4)公衆送信とは、公衆によって直接受信されることを目的として、無線通信・有線電気通信の送信をすることをいう。

⇨特定少数人に対する送信は、公衆送信権の侵害とならない。

3 公衆送信権と構内放送 (2条1項7号の2かっこ書)

(5)同一構内における公衆への送信は、公衆送信に該当しない。

⇨同じ建物の中で甲社の専有スペースにしか送信されない場合や、コンサート会場内での演奏の送信は、公衆送信権の侵害とはならない。

⇨同じ会社内の放送であっても、異なる場所に放送をする場合は、公衆送信となる。

　例東京本社と大阪支社に放送される場合

⇨プログラムの著作物の場合は、同一構内の送信であっても、公衆送信となる。

学習日	月 日	月 日	月 日	月 日
正答数	／6	／6	／6	／6

○ 出た過去問！
出る予想問！ **目標 4 分で答えよう** ○

❏ 写真の著作物の著作権者に無断で、大型スクリーンを用いて当該写真を公衆に提示する行為は、当該写真の著作物の著作権者の上映権の侵害となる。[H17-7] ☞(1)🖙○

❏ 放送局が、オリンピック大会の競技結果をニュース番組で報道する場合、そのオリンピック大会の公認テーマ曲を当該番組の冒頭で流す行為について、そのテーマ曲の著作権者の許諾を得る必要はない。[H26-9] ☞(3)🖙×

❏ 自己の開設するウェブサイトのウェブページ上に、他人が描いた漫画を掲載する行為は、当該ウェブページへのアクセスを、自己が通学している総合大学の学生のみに限定している場合であっても、公衆送信権の侵害となる。[H21-43] ☞(4)🖙○

❏ 東京の本店と大阪の支店とをネットワークで結び、社外からのアクセスができないようにしているイントラネットに、著作者の許諾なく論文を掲載し、多数の従業員が閲覧できるようにしても、公衆送信権の侵害とはならない。[H24-50] ☞(4)(5)🖙×

❏ 本社の従業者がレコード店で購入した音楽 CD の曲を、全国に所在する事業所のネットワーク端末で全従業者が利用できるようにすることは、公衆送信権の侵害にあたる。[H18-8] ☞(4)(5)🖙○

❏ バレエ団により振り付けの著作物が公演される際に、舞台から離れた観客にも見やすいよう、ホール内のスクリーンに公演映像を送信する行為は、公衆送信権の侵害となる。[H30- 著不 10] ☞(5)🖙×

1 口 述 権(24条)

(1)口述権とは、言語の著作物を公に朗読等する権利である。

⇨生朗読のほか、録音された口述の再生も含まれる(2条7項)。

⇨詩を朗読したものを放送する場合は、公衆送信権による
ものであり、口述権の問題ではない。

2 展 示 権(25条)

(2)展示権とは、美術の著作物等を、原作品により公に展示
する権利である。

⇨複製物による展示は含まれない。

(3)展示権の対象は、美術の著作物・未発行の写真の著作物
である。

3 頒 布 権(26条)

(4)頒布権とは、映画の著作物を複製物により頒布する権利
である。

(5)頒布権の対象は、映画の著作物である。

⇨「映画」には、映画の DVD も含まれる。

⇨ゲームソフトも、映画の著作物であり、頒布権が認めら
れる。

(6)頒布権は、譲渡権と貸与権を併せた性質を有する(2条1
項19号参照)。

⇨配給制度がある映画については、流通段階に置いても頒
布権は消尽しない。

⇨配給制度がないゲームソフトは、譲渡により頒布権が消
尽する。但し、貸与権に相当する部分は、消尽しない。

学習日	月　日	月　日	月　日	月　日
正答数	／7	／7	／7	／7

2章

口述権・展示権・頒布権

○ 出た過去問！ 出る予想問！ **目標 4 分で答えよう** ○

❏ 詩の著作権者の許諾なく、その詩を朗読した映像を放送することは、口述権の侵害となる。[H24-50]　　　　☞(1)答×

❏ 美術館が、絵画の贋作を展示する行為は、たとえ美術館が贋作と知らなかったとしても、当該絵画の著作権者の展示権の侵害となる。[H26-55]　　　　☞(2)答×

❏ 美術の著作物を複製したポスターを駅の待合室に掲示する際には、展示権を有する著作権者の許諾を得る必要がある。[H19-41]　　　　☞(2)答×

❏ ガラス工芸作家の創作した美術工芸品である香水びんについて、展示権は付与されない。[H28-著不4]　　　　☞(3)答×

❏ 映画のサウンドトラック盤の音楽CDを公衆に貸与する行為は、頒布権の侵害となる。[H27-42]　　　　☞(5)(6)答×

❏ 頒布権を有する者から許諾を得て公に販売された家庭用テレビゲーム機用ゲームソフトの複製物について、その所有者から当該複製物を譲り受けた業者が、顧客を相手にそれを譲渡することは、頒布権の侵害になる。[H29-著不5]
　　　　☞(6)答×

❏ 頒布権を有する者から許諾を得て公に販売された家庭用テレビゲーム機用ゲームソフトの複製物について、その所有者から当該複製物を譲り受けた業者が、顧客を相手にそれを貸与することは、頒布権の侵害になる。[H29-著不5]
　　　　☞(6)答○

12 譲渡権・貸与権

1 譲 渡 権 (26条の2)

(1)譲渡権の対象となるのは、映画以外の著作物である。

⇨映画の中で複製されている著作物の著作者には、譲渡権ではなく、頒布権が認められる (26条2項)。

(2)譲渡権は、原作品のみならず、複製物にも及ぶ。

(3)公衆に対して譲渡しなければ、譲渡権侵害とはならない。

⇨特定少数人である家族や友人に対して譲渡しても、譲渡権侵害とはならない。

(4)譲渡権は、適法な譲渡により消尽する。

⇨転売禁止の合意に反して当該原作品を転売しても、譲渡権侵害とはならない。

2 貸 与 権 (26条の3)

(5)貸与権の対象は、映画以外の著作物である。

(6)貸与権は、複製物にのみ及び、原作品には及ばない。

⇨なお、映画の著作物には頒布権があるので、譲渡権・貸与権は及ばない。

⇨原作品に貸与権が認められないのは、原作品に対してまで貸与権が及ぶと、巡回美術展等の開催が困難になるからである。

⇨公衆に対して貸与しなければ、貸与権侵害とはならない。

(7)貸与は、名義・方法を問わない (2条8項参照)。

⇨貸レコード店が会員に対し、買戻特約付売買契約によりレコードを販売する場合も、貸与権侵害となる。

(8)譲渡権は消尽するが、貸与権は消尽しないので、適法に譲渡された複製物の公衆への貸与行為には、貸与権が働く。

2章

譲渡権・貸与権

○ 出た過去問！ 出る予想問！ **目標 4 分で答えよう** ○

❏ 映画の著作物には、頒布権があるから譲渡権は生じない。
［予想問］　　　　　　　　　　　　　　　　☞(1)答○

❏ 譲渡権は、<u>原作品のみに及ぶ</u>。［予想問］　　☞(2)答×

❏ 特定多数の者（公衆）に対し原作品又は複製物を譲渡した場合には、譲渡権の侵害となる場合がある。［予想問］　☞(3)答○

❏ 甲は、購入した音楽 CD を CD-R（コンパクト・ディスク・レコーダブル）に複製し、その CD-R を<u>友人である乙に譲渡した</u>。甲による複製は、私的使用のための複製に該当しないため、音楽著作物の複製権を侵害し、CD-R の乙への譲渡は、<u>その譲渡権を侵害する</u>。［H21-13］　　☞(3)答×

❏ 画家甲が、自己の創作した絵画の原作品Ａを、他人に譲渡しないことを<u>友人乙に約束させた上で</u>乙に譲渡した。乙がＡを画商丙に譲渡した場合に、丙がＡを画廊で販売する行為は、<u>甲の譲渡権の侵害となる</u>。［H28-著不4］　☞(4)答×

❏ <u>映画の DVD</u> を、著作権者の許諾なく公衆に貸与した場合には、<u>貸与権の侵害となる</u>。［H24-50］　　☞(5)答×

❏ <u>油絵をその作者から購入した者</u>が、その油絵を不特定多数の者に有料で貸し出すことは、その油絵の著作権者が有する<u>貸与権を侵害する</u>。ただし、著作権者の許諾を得ずに行われているものとする。［H14-52］　　　　　☞(6)答×

❏ <u>適法に販売された漫画作品の複製物</u>について、その中古本を仕入れた古書店が顧客を相手にそれを貸与する行為は、<u>貸与権の侵害にならない</u>。［H29-著不5］　　☞(8)答×

1 翻訳権・翻案権(27条)

(1)翻案権等は、著作物を改変して新たな著作物(二次的著作物)を創作する権利である。

⇨原著作物と全く別の著作物となってしまっている場合は、もはや翻案等に該当しない。

(2)二次的著作物を創作(翻案等)する場合には、原著作物の著作権者の許諾が必要である。

⇨1つの原著作物から複数の二次的著作物が創作される場合、二次的著作物の著作権者間の許諾は不要である。

(3)翻案権等は、譲渡契約書に譲渡の目的として特掲されない限り、譲渡した者に留保されたものと推定される(61条2項)。

⇨「みなされる」ではない。例えば、契約内容から翻案権等の譲渡が明らかであれば、譲渡が認められ得る。

2 二次的著作物の原著作物の著作者の権利(28条)

(4)二次的著作物の原著作物の著作者は、二次的著作物の著作者と同一の種類の権利を有する。

⇨「同一の権利」ではない。例えば、小説を映画化した場合、小説(原著作物)の著作者は、映画(二次的著作物)に関する頒布権を有するが、映画の著作者が有する頒布権とは別個の権利であり、存続期間も異なる。

3 二次的著作物を利用する場合(28条)

(5)二次的著作物を利用する場合には、二次的著作物の著作権者の許諾のほか、原著作物の著作権者の許諾も必要である。

学習日	月　日	月　日	月　日	月　日
正答数	／5	／5	／5	／5

出た過去問！出る予想問！ 目標 4 分で答えよう

❏ 漫画家甲が創作した妖精のイラストに基づいて、玩具会社乙がぬいぐるみを作成し、販売した。その妖精のイラストを利用してアニメーションを創作する場合、甲のみから許諾を得ることで足りる。[H28- 著不 1]　　　　☞(2)答〇

❏ 作家甲の執筆した小説Aの著作権の譲渡契約において、翻案権が譲渡の目的として特掲されていない場合には、その譲受人乙が翻案権を取得することはない。[H28- 著不 4]

☞(3)答✕

❏ 甲が描いた漫画の主人公のイラストを利用して、乙がアニメーションAを作成した。Aについて、乙は著作権及び著作者人格権を有し、甲は乙と同一の種類の著作権を有する。[H26-33]　　　　☞(4)答〇

❏ 陶芸家甲が創作した美術工芸品である絵皿を、写真家乙がレンズの選択やシャッター速度等に工夫を凝らして写真に撮影した。出版社丙が、その写真をカレンダーに利用する場合、甲と乙の両者から許諾を得る必要がある。[H28- 著不 2]　　　　☞(5)答〇

❏ 小説を原作とした映画の著作物を映画館で上映するには、原作とされた小説の著作権者の許諾が必要である。[H22-34]

☞(5)答〇

14 映画の場合の著作権の帰属

1 原　則(16条)

(1)映画の著作物の著作者は、映画の著作物の<u>全体的形成</u>に<u>創作的</u>に寄与した者である。

⇨<u>俳優</u>、映画の<u>素材提供者</u>(原作の小説・脚本・映画音楽の提供者)は、映画の著作者になれない。

⇨但し、<u>俳優</u>は、映画の著作物の全体的形成に創作的に関与していれば、映画の著作物の著作者となり得る。

⇨映画の<u>企画案</u>や構想の提供者は、全体的形成に寄与した者とはいえない。

2 例外(1)：職務著作に該当する場合(15条、16条但書)

(2)映画の著作物が職務著作に該当する場合には、<u>法人等</u>が著作者となる。

⇨著作者人格権・著作権は、いずれも<u>法人等</u>(映画製作者)に帰属する。

3 例外(2)：映画の著作物の著作権の帰属(29条)

(3)映画の著作物の著作権は、その著作者(映画監督等)が映画の著作物の製作に参加することを約束している場合には、<u>映画製作者</u>に帰属する。

⇨著作者人格権は、映画監督等の<u>映画の著作者</u>に帰属する。従って、この場合、著作者人格権と著作権の<u>主体が異なる</u>こととなる。

⇨映画製作者が映画の著作物の著作権を取得するためには、<u>映画が完成</u>することが必要である。

(4)職務著作でない場合は、映画製作会社に著作権が帰属する場合はあっても、<u>著作者人格権</u>が帰属する場合はない。

学習日	月　日	月　日	月　日	月　日
正答数	／7	／7	／7	／7

● 出た過去問！出る予想問！ 目標 **4** 分で答えよう ●

❏ 映画の企画案ないし構想を提供した者は、著作者となる。
[H23-50] ☞(1)答×

❏ 映画のための脚本を執筆した脚本家は、当該映画の著作物の著作者である。[H22-34] ☞(1)答×

❏ 俳優であっても、映画の著作物の全体的形成に創作的に寄与した者は、原則として、当該映画の著作物の著作者である。[予想問] ☞(1)答○

❏ 映画製作者の発意に基づきその映画製作者の業務に従事する映画監督が職務上作成する映画の著作物で、その映画製作者が自己の著作の名義の下に公表するものの著作者は、その作成の時における契約、勤務規則その他に別段の定めがない限り、その映画製作者である。[H14-7] ☞(2)答○

❏ 映画の著作物（職務著作の場合は除く）の著作者人格権は、その映画の製作者に帰属する。[H25-18 改] ☞(3)答×

❏ 映画製作のために撮影された映像の著作権は、その映画が未完成であっても映画製作者に帰属する。[H23-50]
☞(3)答×

❏ 映画会社は、社外の監督を起用して製作した映画の著作物の無断改変に対して、同一性保持権の侵害を主張できる。
[H22-34] ☞(4)答×

15 著作権の制限

1 私的使用目的の複製 (30条1項柱書)

(1)著作物は、個人的に、又は家庭内等の閉鎖的範囲内で使用する目的（私的使用目的）であれば、使用者本人が複製することができる。

⇨「家庭内等」とは、ごく少数の者を指す。

⇨企業等の内部で使用するための複製は、私的使用目的に該当しない。

⇨使用者本人が複製する必要がある。複製の手段は問わない。

2 私的使用の例外 (30条1項各号)

(2)私的使用目的であっても、公衆の使用に供することを目的として設置された自動複製機器を用いての複製は、複製権侵害となる。

⇨コンビニ等のコピー機を用いて私的使用目的で複製した場合は、複製権の侵害とはならない（附則5条の2）。

(3)私的使用目的であっても、コピー・プロテクションを回避した複製は、複製権侵害となる。

⇨私的録音録画補償金の支払は、侵害の有無とは無関係。

(4)私的使用目的であっても、違法にアップロードされた著作物全般（音楽・映像の他、漫画・論文等）について、違法アップロードであることを知りながら行うダウンロード行為は、複製権侵害となる（30条1項3号・4号・2項）。

⇨音楽や映像の録音・録画以外では、①漫画の1コマ等の軽微なもの、②二次創作・パロディをダウンロードしても、侵害とはならない（30条1項4号かっこ書）。

○ 出た過去問！出る予想問！ **目標4分で答えよう** ○

❏ 個人が自己の所有する市販の音楽CDを専ら友達のために複製する行為は、私的使用のための複製にあたらない。
[H18-8] ☞(1)答○

❏ 社内の会議用資料として新聞記事をコピーする行為は、頒布が目的でなければ、当該記事の複製権の侵害とならない。
[H28-著不3] ☞(1)答×

❏ 甲は、購入した音楽CDに格納されていたのと同じ楽曲を、自分で演奏し、その演奏を録音した。甲による録音は、CDから直接に複製していないため、私的使用のための複製には該当しない。[H21-13] ☞(1)答×

❏ 個人的に又は家庭内その他これに準ずる限られた範囲内において使用することを目的とするときであっても、コンビニエンスストアなどに設置されているコイン式複写機を用いて著作権の存続している書籍を複製する場合には、その書籍の著作権者の許諾を必要とする。[H14-40] ☞(2)答×

❏ 複製に使用する機器・記録媒体が私的録音録画補償金の課金の対象となったものであれば、技術的保護手段を回避して行われる複製でも、私的使用のための複製にあたる。
[H18-8] ☞(3)答×

❏ 違法にアップロードされた漫画を、そのことを知りながら私的使用の目的でダウンロードする行為は、複製権の侵害となる場合がある。[予想問] ☞(4)答○

私的使用と補償金、付随対象物、図書館等における複製

1 私的使用と補償金 (30条3項)

(1)私的使用目的であっても、特定のデジタル機器を用いて特定の記録媒体に録音・録画する場合には、<u>私的録音録画補償金</u>を支払わなければならない。

⇨私的録音録画補償金を支払わないからといって、<u>複製権侵害</u>になるわけではない。

(2)私的録音録画補償金は、<u>著作権者</u>に支払うものであるが、文化庁長官が指定する<u>管理団体</u>があるときは、当該<u>管理団体</u>に対して支払う（104条の2第1項柱書、104条の3）。

2 付随対象著作物・技術開発のための利用 (30条の2、30条の4)

(3)写真撮影・録音・録画を行う際、又はスクリーンショットやCG化、インターネットによる生配信等を行う際に写り込んだ物や音については、<u>軽微な構成部分</u>に過ぎず、<u>正当な範囲内</u>であれば、メインの被写体等から分離困難な場合でなくても、利用できる。

(4)テレビ番組の録画に関する技術等を開発する際に、<u>技術検証</u>のため番組を録画してみる場合は、複製ができる。

3 図書館等における複製 (31条1項)

(5)図書館等は、利用者の求めに応じて、利用者の<u>調査研究</u>のために、<u>公表済み</u>の著作物の<u>一部分</u>の複製物を、1人につき<u>1部</u>提供できる。なお、週刊誌等の<u>定期刊行物</u>は、<u>全部</u>を複製し提供することができる場合がある。

(6)図書館等は、<u>図書館資料</u>の保存のための複製、他の図書館等の求めに応じ絶版等で<u>入手困難</u>な図書館資料の複製物の提供のための複製をすることができる。

学習日	月　日	月　日	月　日	月　日
正答数	／6	／6	／6	／6

◉ 出た過去問！出る予想問！ 目標 **4** 分で答えよう ◉

❏ 私的録音録画補償金の支払がなされていない CD-R（コンパクト・ディスク・レコーダブル）に、家庭内で、著作権で保護されている音楽を音楽 CD から複製すると、個人として楽しむ目的であっても、著作権を侵害したことになる。
[H20-19]　　　　　　　　　　　　　　　　　　☞(1)㊎×

❏ 著作権法第 30 条 2 項に規定される私的録音録画補償金は、常に著作権者に支払わなければならない。[予想問]
　　　　　　　　　　　　　　　　　　　　　　☞(2)㊎×

❏ メインの被写体である子供に付随して対象となるぬいぐるみが写真撮影の際に写り込んだ場合であっても、その写真を利用できる場合がある。[予想問]　　　　☞(3)㊎○

❏ 高品質の画像での上映を可能とするためのスクリーンを開発している会社において、その開発の過程における品質確認のために、開発部の担当社員に、公表された映画の著作物の一部を上映する行為は、上映権の侵害とならない。
[H30- 著作 10]　　　　　　　　　　　　　　　☞(4)㊎○

❏ 図書館等は、利用者の調査研究の用に供するためのものであるときには、著作権者の許諾なく、利用者の求めに応じて複製を行うことができる。[H19-30]　　　　☞(5)㊎○

❏ 図書館等が著作物を複製して利用者に提供することができるのは、原則として著作物の一部に限られるが、その全部を複製して提供することができる場合がある。[予想問]
　　　　　　　　　　　　　　　　　　　　　　☞(5)㊎○

1 引 用 (32条)

(1)公表された著作物を引用する場合において、公正な慣行に合致するものであり、報道・批判・研究その他の引用の目的上正当な範囲内であれば、複製権等の侵害とはならない。

(2)引用が認められる範囲は、引用の目的によって異なる。

⇨著作物全体を引用できる場合もある。

⇨絵の鑑定書では、鑑定対象を特定するためその絵を載せることは、公正な慣行に合致したものということができるので、複製権の侵害とはならない。

(3)著作権者の一方的意思表示により引用を禁止することはできない。

2 教科用図書への掲載等 (33条、34条)

(4)教科用図書には、学校教育目的上必要と認められる限度で、公表された著作物を掲載できる。

⇨目的の範囲を超えた複製を行う場合には、著作権者の承諾が必要である。

⇨掲載する場合は、著作者に通知し、文化庁長官が毎年定める額の補償金を著作権者に支払わなければならない。

(5)学校向けの教育番組には、学校教育目的上必要な限度で、公表された著作物を利用できる。

⇨利用する場合は、著作者に通知し、両者間で定めた相当な額の補償金を著作権者に支払わなければならない。

学習日	月　日	月　日	月　日	月　日
正答数	／6	／6	／6	／6

○ 出た過去問！
出る予想問！ **目標 4 分で答えよう** ○

❏ 引用することができるのは、公表された著作物に限られる。
[予想問]　　　　　　　　　　　　　　　　　　☞(1)答○

❏ 絵の鑑定書の中に、鑑定対象を特定するためにその絵の写
真を載せても、複製権の侵害とはならない。[H24-53]
☞(2)答○

❏ 短歌・俳句のように短い著作物は、その全部を引用するこ
とが認められる場合がある。[予想問]　　　　☞(2)答○

❏ 公正な慣行に合致し、かつ引用の目的上正当な範囲内の引
用であったとしても、著作権者によって引用を禁じる旨が
明記されている場合には、著作権の侵害となる。[H27-42]
☞(3)答×

❏ 教科用図書に公表された著作物を掲載する者は、その旨を
著作権者に通知し、文化庁長官が毎年定める額の補償金を
著作権者に支払わなければならない。[予想問]　☞(4)答×

❏ 学校向けの教育番組に著作物を利用する者は、その旨を著
作者に通知し、文化庁長官が毎年定める額の補償金を著作
権者に支払わなければならない。[予想問]　　☞(5)答×

1 学校その他の教育機関における複製等 (35条)

⑴教育を担任する者及び授業を受ける者は、その<u>授業の過程</u>における利用を目的とする場合には、<u>必要</u>と認められる限度で、<u>公表された著作物</u>の複製・公衆送信・伝達を行うことができる。

▷公衆送信を行う場合（遠隔合同授業を除く）、教育機関を設置する者は、相当な額の<u>補償金</u>を支払う（35条2項・3項）。

▷授業を受ける<u>生徒</u>による複製も、認められる。

▷授業過程での利用を目的とする場合に限られる。授業の過程ではない場（例受講生の自宅）で<u>ダウンロード</u>することは、教育目的の利用ではなく、<u>著作権侵害</u>となり得る。

▷複製できる著作物は、<u>公表</u>されたものに限られる。

2 試験問題としての複製 (36条)

⑵公表された著作物は、入学試験等の<u>試験・検定</u>の問題として複製・公衆送信することができる。

▷「試験・検定問題」とは、試験・検定の<u>公正な実施</u>のために、その問題としていかなる著作物を利用するかということ自体を<u>秘密</u>にする必要性があり、そのために、当該著作物の複製について<u>あらかじめ</u>著作権者から<u>許諾</u>を受けることが<u>困難</u>である問題をいう。

3 視覚障害者のための複製 (37条)

⑶誰でも、公表された著作物を<u>点字</u>により複製し、<u>点字データ</u>を公衆送信できる。

出た過去問！
出る予想問！ **目標4分で答えよう**

❏ 大学教員は、講義で使用するために、他人の著作物を複製するだけでなく、公衆送信することができる。その場合（遠隔合同授業を除く）、教育機関を設置する者は、著作権者に相当の額の補償金を支払わなければならない。［予想問］

☞(1)答○

❏ 大学教員が、担当する講義において学生に配布するために、他人の未公表の論文を複製する行為は、講義で使用する必要があり、それに必要な範囲に限られているのであれば、複製権の侵害とはならない。［H25-47］　　　　☞(1)答×

❏ 教員は、大学の授業に関連するものであれば、他人の著作物を複製して、その複製物を学生に頒布することができる。［H21-43］　　　　　　　　　　　　　　　　☞(1)答×

❏ 高等学校の入学試験問題において、公表された随筆の一部を含む問題文を出題する場合には、当該随筆の著作権者の許諾を得る必要はない。［R1- 著不 3］　　　☞(2)答○

❏ 中学校用教科書に掲載されている小説を複製し、問題文を付加して試験問題を作成し、授業中に行う試験用の問題として学校に販売したとしても、試験問題としての複製に該当するので、当該小説の複製権の侵害とはならない。［H21-43］　　　　　　　　　　　　　　　　☞(2)答×

❏ 公表された著作物は、いかなる場合であっても点字により複製することが許されている。［R1- 著不 3］　　☞(3)答○

◎ 必ず出る！
基礎知識 **目標 6 分で覚えよう** ◎

1 非営利目的等の上演等 (38条1項)

(1)公表された著作物は、営利を目的とせず、聴衆から料金を受けず、実演家(上演者)等に報酬が支払われない場合には、公に上演等をすることができ、上演権等の侵害とならない。

2 非営利目的等の伝達 (38条3項)

(2)非営利かつ無料の場合は、放送・有線放送される著作物を、受信装置を用いて公に伝達することができる。

(3)通常の家庭用受信装置を用いてする伝達は、営利目的・有償でも、著作権侵害とはならない。

⇨家庭用テレビを用いるような場合が、これに当たる。

3 非営利・無料の貸与 (38条4項・5項)

(4)映画以外の著作物の貸与は、非営利かつ無料の場合、貸与権の侵害にならない。

⇨相当な額の補償金を支払う必要はない。

(5)映画の著作物の貸与は、非営利かつ無料で、視聴覚教育施設や図書館等の施設が行う場合、頒布権の侵害とはならない。

⇨但し、貸与を行う施設は、相当な額の補償金を支払わなければならない。

● 出た過去問！出る予想問！ 目標 **4** 分で答えよう ●

❏ 自己の経営する飲食店において、ギターで音楽の生演奏を行うことは、店の客から音楽演奏に対する対価を徴収していなければ、店内で提供する飲食物について対価を徴収している場合であっても、演奏権の侵害とはならない。[H21-43]
☞(1)答×

❏ 大学の文化祭で、歌手を招いてコンサートをする場合、その歌手に出演料を払っているときでも、聴衆から料金を受けなければ、その歌手が歌う楽曲の著作権者に許諾を得る必要はない。[H19-30]
☞(1)答×

❏ テレビ放送されているコンサートの映像を受信し、スタジアムの巨大スクリーンに映し、不特定の者に視聴させる行為は、非営利で、観衆から対価を得ない場合であっても、その映像の著作者の公衆伝達権の侵害となる。[H30-著不10]
☞(2)答×

❏ 通常の家庭用のテレビを設置し、入場料を徴収して衛星放送の映画番組を視聴させることについては、その映画の著作権者の許諾を必要としない。[H14-40]
☞(3)答○

❏ 公立図書館が利用者に書籍を無償で貸し出す場合には、著作権者に相当な額の補償金を支払わなければならない。[H28-著不3]
☞(4)答×

❏ 公立図書館は、映画のDVDを無料で利用者に貸し出す場合、当該映画の著作権者に補償金を支払う必要がない。[H27-42]
☞(5)答×

必ず出る！基礎知識　目標 6 分で覚えよう

1 時事問題に関する論説の転載等 (39条)

(1)新聞又は雑誌に掲載して発行された政治・経済・社会上の時事問題に関する論説は、他の新聞・雑誌に転載等することができる。

⇨転載禁止の表示がある場合には、転載等できない。

⇨時事問題であっても、学術的性質を有するものは、転載等できない。

2 政治上の演説等の利用 (40条)

(2)公開して行われた政治上の演説は、いずれの方法によるかを問わず、利用することができる。

⇨ある政治家の演説集のように、同一の著作者のものを編集して利用する場合は、利用が制限され、著作権侵害となる。

3 時事事件の報道のための利用 (41条)

(3)時事事件を報道する場合には、当該事件を構成し、又は当該事件の過程において見聞される著作物を、報道の目的上正当な範囲内で複製し、当該事件の報道に伴って利用することができる。

⇨「当該事件を構成する場合の利用」とは、絵画の盗難事件の報道に際して、盗難された絵画を放送等するような場合である。

⇨「当該事件の過程において見聞される場合の利用」とは、スポーツの報道に際して、流れてくる応援歌等が放送されるような場合である。

⇨ニュース番組の冒頭に曲を流すには、許諾が必要である。

2章

時事問題、政治上の演説、時事事件報道のための利用

◉ 出た過去問！出る予想問！ 目標 **4** 分で答えよう ◉

❏ 新聞又は雑誌に掲載して発行された時事問題に関する論説であって学術的性質を有しないものでも、自由に他の新聞等に転載できない場合がある。[予想問]　　　☞(1)答○

❏ 新聞社甲が、大学教授乙の寄稿した時事問題についての学術的な論説Aを、転載禁止の表示なしに自社の新聞に掲載した場合に、新聞社丙が自社の新聞にAを転載する行為は、乙の著作権の侵害とならない。[H28- 著不 4]　☞(1)答×

❏ ある一人の政治家の政治上の公開演説を集めた書籍を出版する行為は、当該演説の著作権の侵害となる。[H27-42]
　　　　　　　　　　　　　　　　　　　　　　☞(2)答○

❏ 現代絵画が盗難にあった時、この盗難事件を報道するために、その絵画の画像をテレビで放送することは、その絵画の著作権の侵害とはならない。[H19-30]　　☞(3)答○

❏ 野球中継に際して、球場で流れてくる応援歌の著作権者に許諾を求める必要がない。[予想問]　　　　　☞(3)答○

❏ 放送局が、オリンピック大会の競技結果をニュース番組で報道する場合、そのオリンピック大会の公認テーマ曲を当該番組の冒頭で流す行為について、そのテーマ曲の著作権者の許諾を得る必要はない。[H26-9]　　☞(3)答×

21 裁判手続等のための複製

1　裁判手続等における複製（42条1項）

(1)著作物は、裁判手続のために必要と認められる限度において、その公表・未公表を問わず、複製することができる。

(2)著作物は、立法・行政目的のため内部資料として必要と認められる限度において、その公表・未公表を問わず、複製することができる。

2　特許行政等における複製（42条2項1号）

(3)著作物は、特許等の審査手続等のために、必要に応じて複製することができる。

3　行政機関情報公開法等による利用（42条の2）

(4)行政機関の長等は、行政機関情報公開法等による著作物の公衆等への提供・提示を目的とする場合には、開示するために必要と認められる限度において、当該著作物を利用することができる。

4　文書保存のための利用（42条の3第1項）

(5)国立公文書館等又は地方公文書館等の長は、歴史公文書等を保存することを目的とする場合には、必要と認められる限度において、当該歴史公文書等に係る著作物を複製することができる。

5　インターネット資料収集のための利用（43条1項）

(6)国立国会図書館の館長は、インターネット資料を収集するために必要と認められる限度において、当該インターネット資料に係る著作物を国立国会図書館の使用に係る記録媒体に記録することができる。

○ 出た過去問！出る予想問！ **目標4分で答えよう** ○

❏ 民事訴訟の手続において、立証に必要な他人の著作物の写しを証拠として提出するために、当該著作物を複製する場合には、当該著作物の著作権者の許諾を得る必要はない。[R1-著不3]　☞(1)答○

❏ 裁判において証拠として提出するために他人の論文を複写することは、その論文が公表されているか否かにかかわらず、著作権の侵害とならない。[予想問]　☞(1)答○

❏ 東京都知事が都議会に提出するために、論文を複製しても、複製権の侵害とはならない。[H24-53]　☞(2)答○

❏ 特許庁が、拒絶理由通知書に添付するために、必要に応じて当該拒絶理由通知書に記載された文献を複製したとしても、複製権の侵害とはならない。[H25-51]　☞(3)答○

❏ 情報公開請求の対象に著作物が含まれているとしても、著作権者は、行政機関に対して、開示のための複製物の作成の差止めを求めることができない。[H24-53]　☞(4)答○

❏ 国立大学法人の附属図書館の館長は、インターネット資料を収集し保存するために、著作物を記録媒体に記録することができる。[H24-53]　☞(6)答✕

1 美術の著作物等の原作品の所有者による展示(45条1項)

(1)美術の著作物・写真の著作物の原作品の所有者、又は所有者から同意を得た者は、原作品を公に展示できる。

⇨窃盗犯人・受寄者は、展示できない。

2 美術の著作物の原作品の所有者による展示の例外(45条2項)

(2)美術の著作物の原作品を、一般公衆に開放等されている屋外の場所に、恒常的に設置する場合には、上記(1)にかかわらず、展示権の侵害となる。

3 美術の著作物等の展示に伴う複製(47条)

(3)美術の著作物・写真の著作物の原作品を、展示権を害することなく公に展示する者は、観覧者のための解説・紹介を目的とする小冊子やタブレット端末等の電子機器に掲載することができる。

4 建築の著作物等の自由利用(46条柱書)

(4)建築の著作物又は美術の著作物で、原作品が屋外の場所に恒常的に設置されているものは、原則として自由に利用することができる。

5 プログラムの著作物の複製物の複製等(47条の3)

(5)プログラムの著作物の複製物の所有者は、インストール・バックアップ、自己のコンピュータで実行するための複製・翻案をすることができる。

⇨滅失以外の理由でその所有権を有しなくなった場合は、当該著作権者の別段の意思表示がない限り、その複製物を保存できない。

2章

美術の著作物の原作品の所有者による展示等

◎ 出た過去問！ 出る予想問！ **目標 4 分で答えよう** ◎

❏ 美術館が、個人コレクターの家から盗まれた絵画を、盗品であることを知らずに窃盗団から借りて展示をする行為は、当該絵画の著作権者の展示権の侵害となる。[H26-55]

☞(1)答○

❏ 美術館が、正面ゲートの前に、その所有する大理石の彫刻を設置する場合、当該彫刻の著作権者の許諾を得る必要がある。[H26-55]

☞(2)答○

❏ 美術館が、自己の所有する絵画を館内の展示室に展示するに際して、館内に設置した大型ディスプレイで当該絵画を収録した映像を観覧者に見せる行為は、当該絵画の紹介又は解説を目的としている場合には、当該絵画の著作権の侵害とならない。[H28- 著不 3]

☞(3)答○

❏ 公園の風景を写生する際、その公園に設置されている彫刻の原作品をその絵画の一部に描いた場合、当該絵画を販売する行為は、彫刻に関する譲渡権の侵害となる。[H30- 著不 9]

☞(4)答×

❏ 正規に購入したコンピュータ・プログラムの欠陥を勝手に修正しても、当該プログラムの著作権を侵害したことにはならない。[H20-19]

☞(5)答○

❏ 正規に購入したコンピュータ・プログラムをバックアップのために複製していた者が、当該プログラムを譲渡した場合には、その複製物を保存してはならない。[予想問]

☞(5)答○

1 著作権の存続期間の原則(51条)

(1)著作権の存続期間は、著作物の創作の時から、原則として著作者の死後70年までである。

⇨共同著作物の場合は、最終に死亡した著作者の死後70年。

⇨登記・登録などの公示手続が著作権の発生要件とはなっていない点に注意せよ。

2 無名・変名の著作権の存続期間(52条)

(2)無名・変名の著作物の著作権の存続期間は、原則として、著作物の公表後70年で満了する。

⇨上記期間内に、実名(本名)を公表して著作物を公表した場合は、著作者の死後70年で著作権が満了する。

(3)著作者の変名がその者のものとして周知である場合、著作権の存続期間は、著作者の死後70年である。

(4)上記(2)の期間内に、実名の登録があった場合、著作権の存続期間は、著作者の死後70年である。

⇨同期間経過後に、実名登録をしたり、実名等を著作者名として表示したりした場合は、著作権の存続期間が死後70年とはならない。

3 団体名義の著作権の存続期間(53条)

(5)法人等の団体名義の著作物の著作権の存続期間は、公表後70年で満了する。

⇨但し、上記期間内に公表されなかった場合は、創作後70年で満了する。

学習日	月 日	月 日	月 日	月 日
正答数	／7	／7	／7	／7

● 出た過去問！ 出る予想問！ **目標 4 分で答えよう** ●

❏ 画家甲と画家乙が共同で絵画を創作し、<u>甲の死亡から71年が経過した。乙も甲の相続人丙も共に存命中の場合、出版社丁が、その絵画を画集に掲載するときは、乙のみから許諾を得ることで足りる。</u> [H28- 著不 2 改]　　　☞(1)图×

❏ 弁理士甲と弁護士乙とが共同執筆した論文の著作権の存続期間は、原則として、<u>この論文の公表後 70 年</u>である。
[H18-32 改]　　　☞(1)图×

❏ 著作権は創作と同時に発生するものであり、登録や登記をした時から生じるものではない。[予想問]　　　☞(1)图○

❏ 匿名で小説を出版した小説家が、<u>その出版後 70 年を経過した後</u>に、本名を著作者名として出版した場合、その小説の著作権は、<u>著作者の死後 70 年間存続する。</u>[H29- 著不 3 改]
☞(2)图×

❏ 夏目漱石が、その実名である夏目金之助の変名であることが周知である場合には、夏目漱石名義の著作物の著作権は、その死後 70 年で消滅する。[予想問]　　　☞(3)图○

❏ 出版社が、その発行する雑誌において、その社員であるカメラマンが撮影した写真の著作物を、出版社の著作名義で公表した場合、当該著作物の著作権の存続期間は公表後 70 年である。[H20-34 改]　　　☞(5)图○

❏ 会社の従業員が職務上作成したプログラムであって、会社によって秘密管理され、その作成後 70 年間公表されなかったものの著作権の存続期間は、作成後 70 年である。[H29-著不 3 改]　　　☞(5)图○

1 映画の著作権の存続期間（54条）

(1)映画の著作物の著作権の存続期間は、原則として<u>公表後70年</u>で満了する。

(2)映画の著作権は、創作後70年以内に公表されなかった場合は、<u>創作後70年</u>で消滅する。

⇨映画の著作権の存続期間が満了しても、<u>原著作物</u>（原作の小説や脚本）の著作権が残存している場合には、当該<u>映画の利用に関する限り</u>、その著作権は<u>消滅</u>する。

⇨小説や脚本等映画の著作物に翻案されている<u>原著作物</u>の著作権が消滅するのであって、<u>映画音楽</u>等の著作権は、<u>消滅しない</u>。

⇨日本語字幕は、原著作物<u>ではない</u>。

2 継続的刊行物・逐次刊行物の公表の時（56条）

(3)<u>継続的刊行物</u>とは、冊・号・回を追って公表する著作物をいい、<u>逐次刊行物</u>とは、一部分ずつを逐次公表して完成する著作物をいう。

⇨<u>一話完結形式</u>のものは、逐次刊行物<u>ではない</u>。

(4)存続期間が公表時から起算される場合、継続的刊行物は、<u>毎回の公表の時</u>から70年ごとに存続期間が満了し、逐次刊行物は、<u>最終部分の公表の時</u>から70年経過後に存続期間が満了する。

(5)逐次刊行物は、<u>直近の公表</u>から3年を経過しても続きが公表されない場合には、すでに公表されたものの<u>最終の部分</u>をもって最終部分とみなされる。

2章

存続期間(2)

● 出た過去問！ 出る予想問！ **目標4分で答えよう** ●

❑ 映画の著作物の著作権は、原則として、当該映画の創作後、70年を経過するまでの間存続する。[H22-34]　　☞(1)答×

❑ 映画の著作物の著作権の存続期間が満了した後であっても、その映画をテレビ放送する放送局は、その映画の原作小説の著作権者の許諾を得る必要がある。[H26-9]　　☞(2)答×

❑ 映画の著作物の著作権の存続期間満了後であっても、その映画に利用されている映画音楽の著作権の存続期間が満了していない場合には、当該映画音楽の著作権の権利処理をせずにその映画をDVD化することは、当該映画音楽の著作権侵害になる。[H23-41]　　☞(2)答○

❑ 外国映画に後から付された日本語字幕の著作権は、当該映画の著作物の著作権が保護期間の満了により消滅したときは、同じく消滅したものとされる。[H27-42]　　☞(2)答×

❑ 一話完結形式の連載漫画は、著作権法第56条にいう逐次刊行物には該当しない。[H15-49]　　☞(3)答○

❑ 出版社が、雑誌にその著作名義で連載していた、その創業者の伝記を、未完のまま休載し、5年後に連載を再開して完成させた場合において、休載前の部分についての著作権の存続期間は、休載前の最後の回の公表後70年であり、連載再開後の部分についての著作権の存続期間は、最終回の公表後70年である。[H20-34 改]　　☞(5)答○

25 著作者人格権の取扱い

1 著作者人格権の一身専属性 (59条)

(1)著作者人格権は、著作者の<u>一身に専属</u>し、譲渡も、一般
承継(囲相続)もできない。

2 著作者が存しなくなった後の著作者人格権の取扱い

(2)著作者が存しなくなった後であっても、著作物を<u>公衆に提
供・提示</u>する場合には、著作者が存していたならばその人
格権の侵害となるようなことをしてはならない(60条)。

⇨著作者人格権は、著作権者の<u>同意</u>により<u>左右されない</u>。

⇨期間の制限はなく、理論上は<u>永久</u>に保護される。

(3)著作者人格権の侵害行為に対しては、一定の<u>遺族</u>等によ
り、<u>差止請求</u>(112条)ができ、故意・過失がある場合に
は<u>名誉回復措置請求</u>ができる(116条1項)。

⇨死者には損害が生じないので、<u>損害賠償請求</u>は<u>できない</u>。

⇨ 116条は、著作者人格権の<u>相続</u>を認めたもの<u>ではない</u>。

3 共同著作物の著作者人格権 (64条)

(4)共同著作物の著作者人格権は、<u>著作者全員の合意</u>によら
なければ、行使できない。但し、共同著作者は、<u>信義に
反して</u>上記合意の成立を妨げることができない。

(5)共同著作物の著作者人格権は、<u>行使する代表者</u>を定める
ことができる。しかし、代表権に制限が加えられていた
場合、その制限は、<u>善意の第三者</u>に対抗できない。

⇨氏名表示権のみに権利行使の制限が付された代表者が、
その制限を知らない第三者に対して他の人格権の<u>不行使
特約</u>をした場合、他の共有者は、<u>同一性保持権侵害</u>を第
三者に問うことが<u>できない</u>。

学習日	月　日	月　日	月　日	月　日
正答数	／8	／8	／8	／8

出た過去問！出る予想問！ 目標 4 分で答えよう

❑ 法人の著作者人格権は、著作権の存続期間の満了とともに消滅する。[H28-著不5]　　　　　☞(1)答×

❑ 著作者の死亡後は、著作権者の同意を得れば、未公表の著作物を公表することができる。[H26-51]　　☞(2)答×

❑ 著作者の死んだ後において、著作者が生存中であれば著作者人格権の侵害となるべき行為をしてはならないとされるのは、著作者の死後70年に限られる。[H17-12]　☞(2)答×

❑ 著作者の死後においては、その著作者の配偶者は、その著作者が存しているとしたならば当該著作者人格権の侵害となるべき行為をする者又はするおそれがある者に対し、その行為の停止又は予防を請求することができる。[H14-24]　☞(3)答○

❑ 共同著作物の各著作者は、著作者人格権の行使に関する合意の成立を、嫌がらせのために妨げることは許されない。[R1-著不4]　　　　　　　　　　　　　☞(4)答○

❑ 甲と乙との共同著作物について、丙がこれを翻案することは、丙が乙から同意を得ていたときには、甲の同一性保持権を侵害しない。[H20-12]　　　　　　☞(4)答×

❑ 共同著作物の著作者は、著作者のうちの一人を、著作者人格権を行使する代表者と定めることができる。[H28-著不5]　　　　　　　　　　　　　　　☞(5)答○

❑ 共同著作物の著作者人格権の行使は、代表者が行うことができるが、その代表権に加えられた制限は、善意の第三者に対抗することはできない。[予想問]　　☞(5)答○

1 著作権の譲渡(61条)

(1)著作権者は、著作権(支分権)の一部又は全部を譲渡できる。

⇨著作権を全て譲渡すると、著作者であっても、譲受人から差止請求等を受ける場合がある。

⇨著作者人格権は、譲渡できない(59条)。

(2)翻案権等(27条、28条)は、特掲されない限り、譲渡した者に留保したものと推定される。

⇨推定にすぎないので、特掲がなくても、契約内容によっては、翻案権等が譲渡されたと判断される場合がある。

2 相続人不存在の消滅(62条)

(3)著作権は、相続人が不存在の場合には、消滅する。

⇨著作権が国庫に帰属することはない。

3 利用許諾(63条)

(4)著作権者は、著作物の利用を許諾できる。

⇨利用を許諾された者(利用権者)は、著作権の譲受人や第三者に対抗できる(63条の2)。

⇨利用権者には、差止請求権がない。

4 質権の目的となった著作権(66条)

(5)著作権は財産権なので、質権の目的となる(民362条)。

(6)著作権を目的とした質権が設定された場合であっても、設定行為に別段の定めがない限り、当該著作権は、著作権者が行使する。

(7)著作権を目的とした質権は、著作権から派生する金銭等に対しても行使できる(物上代位性)。

⇨但し、支払・引渡し前に差押えが必要である。

学習日	月　日	月　日	月　日	月　日
正答数	／7	／7	／7	／7

● 出た過去問！ 出る予想問！ **目標4分で答えよう** ●

❏ 作曲家甲は、その音楽の著作物について、著作権のすべてを乙に譲渡したとしても、甲自身が公開のステージで満員の聴衆を前にしてその音楽の著作物を演奏することに対して、乙から差止請求を受けることはない。[H22-59] ☞(1)答×

❏ ゲームソフトのメーカー甲社が、独立のデザイナーである乙に委託して、ゲームソフトの登場人物の原画を描いてもらった場合、当該委託契約において、著作権のみならず著作者人格権も譲渡の目的として特掲すれば、甲社は、当該原画に関する著作者人格権を譲り受けることができる。[H21-58] ☞(1)答×

❏ 作家甲の執筆した小説Aの著作権の譲渡契約において、翻案権が譲渡の目的として特掲されていない場合には、その譲受人乙が翻案権を取得することはない。[H28-著不4] ☞(2)答×

❏ 相続人のいない個人の著作権者が死亡した場合、その著作権は国庫に帰属する。[H29-著不3] ☞(3)答×

❏ 作曲家は、その音楽の著作物を劇場用映画の中で使うことを映画製作者に対して許諾した以上は、その映画の家庭用DVDの販売に対して、差止請求権を行使することができない。[H22-59] ☞(4)答×

❏ 質権者であっても、著作権を行使できる場合がある。[予想問] ☞(6)答○

❏ 著作権を目的とした質権を設定することはできるが、当該質権は、当該著作権から派生する金銭等に対して常に物上代位できるわけではない。[予想問] ☞(7)答○

1　共有著作権における同意(65条1項・2項)

(1)著作権が共有の場合は、他の共有者の同意がなければ、自己の持分の譲渡や質権の設定ができない。

(2)著作権が共有の場合の権利行使には、他の共有者全員の合意が必要である。

⇨この場合の「権利行使」とは、著作物の利用許諾などの積極的権利行使のことをいう。

2　同意を拒まれた場合(65条3項)

(3)共有著作権者は、正当な理由がない限り、譲渡等の同意を拒み、権利行使の合意の成立を妨げることができない。

⇨共同著作物の著作者人格権では、「信義に反して」合意成立を妨げることができないとされている(64条2項)。

3　無名・変名の場合の実名登録(75条)

(4)無名・変名の著作物の著作者は、実名登録を受けることができる。

⇨その死後は、遺言で指定する者により実名登録を受けることができる。

⇨実名登録された者が、著作者と推定される。

4　著作物の発行日等の登録(76条)

(5)著作権者又は無名・変名の著作物の発行者は、第一発行年月日又は第一公表年月日の登録をすることができる。

⇨これらの登録がある場合は、当該年月日に最初の発行又は最初の公表があったものと推定される。

学習日	月　日	月　日	月　日	月　日
正答数	／8	／8	／8	／8

◎ 出た過去問！ 出る予想問！ **目標 4 分で答えよう** ◎

❏ 質権の設定は譲渡を伴わないので、著作権が共有の場合において、自己の持分について質権を設定するには、<u>他の共有者の同意は不要である</u>。［予想問］　　　☞⑴圏×

❏ 著作権が共有の場合において、他人に利用許諾を行うためには、他の共有者全員の合意がなければならない。［予想問］
☞⑵圏○

❏ 画家甲と画家乙が共同で創作した絵画について、乙の許諾を得ることが困難な事情がある場合には、<u>甲のみの許諾を得ることにより、その絵画を画集に掲載することができる</u>。［H28-著不1］　　　☞⑵圏×

❏ 共同著作物である既発表の小説を外国語に翻訳する際に、共同著作者の1人は、正当な理由があれば、その翻訳に対する合意の成立を妨げることができる。［H22-5］　☞⑶圏○

❏ 実名登録は、<u>常に著作者本人</u>によらなければ受けることができない。［予想問］　　　☞⑷圏×

❏ 著作物について実名登録を受けた者は、著作者と<u>みなされる</u>。［予想問］　　　☞⑷圏×

❏ 第一発行年月日の登録を受けることができるのは、<u>著作者又は無名若しくは変名の著作物の発行者である</u>。［予想問］
☞⑸圏×

❏ 第一発行年月日の登録がされた著作物は、その年月日に第一発行がされたものと推定される。［予想問］　　　☞⑸圏○

28 著作権の共有・登録(2) ／出版権(1)

1 　**創作年月日の登録** (76条の2)

(1)プログラムの著作物の著作者は、その著作物の創作後6月以内に、創作年月日の登録を受けることができる。

⇨上記期間経過後は、登録を受けることができない。

2 　**著作権の登録** (77条)

(2)著作権の移転等は、登録しなければ第三者に対抗できない。

⇨取引の安全を図るための制度であり、これと無関係な者（囫侵害者）は、「第三者」に該当しない。

⇨一般承継の場合も、登録が必要である。

3 　**出版権設定者** (79条)

(3)出版権を設定できるのは、複製権等保有者のみである。

⇨「複製権等保有者」とは、複製権者 (21条) 又は公衆送信権者 (23条) をさす。

(4)複製権等に質権が設定されている場合、出版権の設定には、質権者の承諾が必要である。

4 　**出版権の内容** (80条)・**出版の義務** (81条)

(5)出版権者は、原作のまま複製又は公衆送信を行う権利を専有する。

⇨翻案や譲渡はできない。

⇨出版権は独占排他権であり、差止請求ができる (112条)。

⇨電子出版についても、出版権を設定できる。

(6)出版権者は、原稿等を受領してから原則として6月以内に出版等する出版義務、慣行に従い継続して出版等する継続出版義務を負う。

⇨但し、設定行為において別段の定めをすることができる。

学習日	月 日	月 日	月 日	月 日
正答数	／8	／8	／8	／8

◉ 出た過去問！
出る予想問！ 目標 **4** 分で答えよう ◉

❏ プログラムの著作物の著作権者は、その著作物の創作後6月以内に、その著作物について創作年月日の登録を受けることができる［予想問］ ☞(1)㊤×

❏ プログラムの著作物の著作者であっても、その著作物について創作年月日の登録を受けることができない場合がある。［予想問］ ☞(1)㊤○

❏ 譲渡契約に基づく著作権の譲受人は、その旨を登録しない限り、譲受人としての地位を第三者に対抗することができないが、当該著作権の侵害者に対しては登録なくして著作権を主張することができる。［H15-49］ ☞(2)㊤○

❏ 出版権の設定をすることができるのは、複製権者に限られる。［予想問］ ☞(3)㊤×

❏ 複製権の保有者は、その複製権に質権が設定されている場合であっても、質権者の承諾を得ることなく、出版権の設定をすることができる。［予想問］ ☞(4)㊤×

❏ 出版権者は、原作を翻訳したものを複製・公衆送信する権利を専有する。［予想問］ ☞(5)㊤×

❏ 出版権は利用許諾に基づく権利であるから、侵害者に対して差止請求をすることはできない。［予想問］ ☞(5)㊤×

❏ 出版権者は、原稿を受領してから6月以内に、常に出版等をする義務を負う。［予想問］ ☞(6)㊤×

出版権⑵

1 **出版権存続中に著作者が死亡した場合等** (80条2項)

(1)出版権の存続期間中に著作者が死亡した場合には、複製権等保有者は、その著作者の著作物のみを編集する場合に限り、当該著作物を全集その他の編集物に収録して複製又は公衆送信することができる。

(2)出版権設定後、最初の出版行為等があった日から3年を経過した場合も、上記(1)と同様である。

2 **出版権設定後のサブライセンス** (80条3項)

(3)出版権者は、複製権等保有者の承諾を得た場合には、その著作物の複製等を他人に許諾できる。

3 **出版権の存続期間** (83条)

(4)出版権の存続期間は、設定行為で定めるところによる。

⇨設定行為に定めがないときは、出版権の設定後、最初の出版行為等があった日から3年経過した日において、出版権は消滅する。

4 **出版権の消滅請求⑴** (84条1項・2項)

(5)出版権者が出版義務に違反した場合、複製権等保有者は、出版権者に通知して、出版権を消滅させることができる。

⇨出版義務違反があったからといって、直ちに出版権が消滅するわけではない。

(6)出版権者が継続出版義務に違反した場合、複製権等保有者の履行催告にもかかわらずそれに応じないときは、複製権等保有者は、出版権者に通知して、出版権を消滅させることができる。

出た過去問！ 出る予想問！ 目標 4 分で答えよう

❏ 出版権の存続期間中に著作者が死亡した場合、複製権等保有者は、常に、当該著作物を編集物に収録して複製等することができる。［予想問］　　　　　　　　　☞(1)答×

❏ 複製権等保有者は、出版権の設定後3年経過したときには、当該著作物を編集物に収録して複製等することができる。［予想問］　　　　　　　　　☞(2)答×

❏ 出版権は自ら出版を行う者に設定される権利であるため、出版権の設定を受けた者は、他人に対し複製又は公衆送信の許諾を行うことはできない。［予想問］　　☞(3)答×

❏ 出版社が小説家から小説の複製について出版権の設定を受けた場合、出版社は、小説家の承諾を得ることなく、他の出版社に当該小説の複製について許諾を与えることができる。［H29- 著不 3］　　　　　　　　☞(3)答×

❏ 出版権の存続期間は設定行為によって定まるが、設定行為に定めがない場合には、出版権の設定から3年経過した日に消滅するのではなく、最初の出版行為があった日から3年を経過した日に消滅する。［予想問］　　☞(4)答○

❏ 出版権者が出版義務に違反した場合であっても、出版権が直ちに消滅するわけではない。［予想問］　　☞(5)答○

❏ 出版権者が継続出版義務に違反した場合、複製権等保有者は、出版権者に通知さえすれば、出版権を消滅させることができる。［予想問］　　　　　　　☞(6)答×

必ず出る！
基礎知識 **目標 6 分で覚えよう**

1 出版権の消滅請求(2)(84条3項)

(1)複製権等保有者である著作者は、その著作物が自己の確
信に適合しなくなったときは、出版権者に損害賠償を前
払いすることを条件に、出版権者に通知して出版権を消
滅させることができる。

⇨著作者が複製権等保有者であることが必要である点に注
意せよ。

2 著作隣接権における実演家の意義(2条1項4号)

(2)実演家とは、俳優・舞踊家・演奏家・歌手等実演を行う者、
及び実演を指揮・演出する者をいう。

⇨自らは演じない指揮者・演出家等も、実演家となる。

⇨また、著作物を利用しない者も、実演家となる。

例手品師・腹話術師

(3)実演家は自然人に限られ、法人は実演家にはなれない。

⇨法人に実演家人格権は発生しない。

3 著作隣接権におけるレコードの意義(2条1項5号)

(4)レコードとは、物に音を固定したものをいう。

⇨音を専ら影像とともに再生するものは除かれる。

⇨固定される音が著作物である必要はない。

⇨映像作品や映画のDVD等は、レコードに該当しない。

4 著作隣接権の実演家人格権

(5)実演家は、実演家人格権として、氏名表示権(90条の2)・
同一性保持権(90条の3)を有する。

⇨公表権は有しない(89条1項参照)。

学習日	月　日	月　日	月　日	月　日
正答数	／7	／7	／7	／7

● 出た過去問！ 出る予想問！ 目標 4 分で答えよう ●

❑ ある思想を賛美する内容の小説を執筆した小説家は、その小説の著作権を既に第三者に譲渡していた場合には、当該思想を否定する考えに変わったとしても、出版権の消滅を求めることはできない。[H24-36]　　　　☞(1)答○

❑ テレビ番組でアマチュアとして手品を見せる出演者は、実演家としての著作隣接権を有する。[H27-3]　　☞(2)答○

❑ オーケストラのコンサートにおいて、楽器の演奏を行った者は、それぞれ実演家として著作隣接権を有するが、楽器の演奏を行っていない指揮者は、著作隣接権を有しない。[H20-58]　　　　　　　　　　　　　　　　　☞(2)答×

❑ オペラの上演において、オペラ歌手は実演家としての保護を受けるが、オペラを演出する監督は実演家としての保護を受けない。[H23-20]　　　　　　　　　　☞(2)答×

❑ 音楽教室を運営する会社に雇用されているピアニストが職務上行う実演については、その会社が実演家となり、原始的に著作隣接権を取得する。[R1- 著不 5]　☞(3)答×

❑ 高原の風景と鳥のさえずりを録画した DVD の製作者は、レコード製作者として著作隣接権を有する。[H26-42]
　　　　　　　　　　　　　　　　　　　　　☞(4)答×

❑ ギタリストがスタジオで録音を行った演奏が未公表である場合には、そのギタリストは当該演奏について公表権を有する。[H23-20]　　　　　　　　　　　　☞(5)答×

31 実演家人格権／実演家の諸権利(1)

1 実演家人格権の氏名表示権の緩和 (90条の2第3項)

(1)実演家名の表示は、①その実演の実演家であることを<u>主張する利益</u>を害するおそれがない場合、又は、②<u>公正な慣行</u>に反しない場合には、省略できる。

⇨著作者名の表示の場合には上記①②を<u>共</u>に具備する必要がある (19条3項) のに対し、実演家名の表示では<u>いずれか一方</u>でよいとされ、省略の要件が緩和されている。

2 実演家の同一性保持権の緩和 (90条の3第1項)

(2)実演家は、<u>同一性保持権</u>として、自己の<u>名誉</u>又は<u>声望</u>を害する実演の改変を受けない権利を有する。

⇨著作者の場合は「<u>意に反する改変</u>」を受けないとされ (20条1項)、該当の是非は本人の<u>主観的</u>判断となるのに対し、実演家の場合は「<u>名誉</u>又は<u>声望</u>を害する実演の改変」でなければ同一性保持権の侵害とならず、該当の是非は<u>客観的</u>判断となる。

3 実演家の権利：録音・録画権 (91条1項)

(3)実演家は、その実演を<u>録音・録画</u>する権利を専有する。

⇨他人が<u>ものまね</u>をした歌唱等には、録音権・録画権は及ばない。

(4)実演家は、<u>複製権</u>を有し<u>ない</u>。

⇨録音・録画<u>以外</u>の複製 (例<u>写真撮影</u>) には、権利が及ばない。

学習日	月　日	月　日	月　日	月　日
正答数	／6	／6	／6	／6

実演家人格権／実演家の諸権利(1)

● 出た過去問！ 出る予想問！ 目標 **4** 分で答えよう ●

□ 歌手は、その歌唱の録音された CD が放送で使用される場合は、常に、その氏名の表示を請求することができる。[H24-10]
☞(1)答×

□ 実演家名の表示は、その実演の実演家であることを主張する利益を害するおそれがない場合であって、かつ、公正な慣行に反しない場合でなければ省略できない。[予想問]
☞(1)答×

□ 映画の編集において、その映画に出演している俳優の出演部分の一部を削った場合であっても、その削除が当該俳優の名誉声望を害するものといえないときは、当該俳優の同一性保持権の侵害にはならない。[H23-20]
☞(2)答○

□ 実演家は、同一性保持権として意に反する改変を受けないとされている。[予想問]
☞(2)答×

□ ある歌手のものまねをした歌唱を音楽 CD に録音する行為は、当該歌手が実演家として有する録音権を侵害する。[H27-3]
☞(3)答×

□ 実演を写真に撮影することは、実演家の著作隣接権の侵害とはならない。[予想問]
☞(4)答○

1 ワンチャンス主義とその例外 (91条2項)

(1)実演を映画の著作物に録音・録画することを許諾した場合、その実演の収録物をさらに映画として増製する行為には、実演家の録音・録画権が及ばない。

⇨但し、映画音楽のサウンドトラック盤を製作する行為に対しては、録音権が及ぶ。

2 放送権・有線放送権 (92条)

(2)実演家は、その実演を放送・有線放送する権利を専有する。

⇨但し、①放送される実演を有線放送する場合、②録音・録画権者の許諾を得て録音・録画されている実演を放送・有線放送する場合には、放送権等は及ばない。

3 送信可能化権 (92条の2)

(3)実演家には、送信可能化権がある。公衆送信権はない。

4 商業用レコードの二次使用 (95条)

(4)放送事業者及び有線放送事業者は、商業用レコードを用いた放送・有線放送を行った場合には、実演家に二次使用料を支払わなければならない。

⇨二次使用料を受ける権利は、文化庁長官が指定する団体があるときは、当該団体のみが行使できる。

5 譲　渡　権 (95条の2)

(5)実演家は、録音物等を譲渡することにより公衆に提供する権利を専有する。

⇨但し、①適法に録音等された実演、②適法に映画の著作物に録音等された実演、③適法に譲渡された録音物等には、譲渡権は及ばない。

学習日	月　日	月　日	月　日	月　日
正答数	／7	／7	／7	／7

出た過去問！ 出る予想問！ 目標 **4** 分で答えよう

❏ 映画に出演した俳優は、映画の DVD 化にあたって、録画権を主張することはできない。[H18-47]　　☞(1)答○

❏ 映画製作者が俳優の許諾を得てその実演を映画の著作物に固定し、当該実演が収録されたビデオテープを販売している場合に、第三者がこれらのビデオテープを俳優に無断で複製し、公衆に販売しても、俳優の録画権を侵害しない。[H17-21]　　☞(1)答○

❏ 映画音楽の演奏家が、映画の著作物にその演奏が使用されることを許諾していたときは、当該映画のサウンド・トラック盤 CD にその演奏が無断で収録されたとしても、録音権の侵害にはならない。[H23-20]　　☞(1)答×

❏ バイオリニストの演奏が録音されている市販の音楽 CD を用いて、その演奏をラジオで放送する場合には、そのバイオリニストの許諾を得る必要はない。[H18-47]　　☞(2)答○

❏ 実演家には公衆送信権がある。[予想問]　　☞(3)答×

❏ 実演家に与えられている商業用レコードの二次使用料を受ける権利は、レコード製作者によってのみ行使することができる。[H16-58]　　☞(4)答×

❏ 実演家の譲渡権に関し、譲渡権者により公衆に譲渡された実演の録音物のその後の譲渡については譲渡権の規定は適用されないが、譲渡権者により特定かつ少数の者に譲渡された当該録音物のその後の譲渡については、譲渡権の規定が適用される。[H21-34]　　☞(5)答×

1　貸与権等 (95条の3)

(1)実演家は、実演が録音されている商業用レコードを貸与することにより実演を公衆に提供する権利を専有する。

⇨映画の DVD 等には、貸与権が及ばない。商業用レコードに該当しないからである (2条1項5号かっこ書参照)。

(2)貸与権は、商業用レコードの最初の販売の日から政令で定める期間 (12月) を経過した場合には、行使できない。

⇨代わりに、貸レコード業者に対する報酬請求権が生じる。

2　レコード製作者の権利

(3)レコード製作者は、複製権 (96条)・送信可能化権 (96条の2)・譲渡権 (97条の2)・貸与権 (97条の3) を有する。

⇨実演家と異なり、複製権を有するので、複製態様は、録音・録画のみに限定されない。

(4)商業用レコードを用いた放送・有線放送を行った場合、放送事業者等は、レコード製作者に二次使用料を支払わなければならない (97条1項)。

⇨文化庁長官が定めた団体がある場合には、当該団体のみが二次使用料を受ける権利を行使できる (97条3項)。

(5)レコード製作者の貸与権は、政令で定める期間 (12月) を経過した場合には、行使できない。

⇨代わりに、貸レコード業者に対する報酬請求権が生じる。

学習日	月　日	月　日	月　日	月　日
正答数	／5	／5	／5	／5

2章

実演家の諸権利(3)／レコード製作者の著作隣接権

● 出た過去問！ 出る予想問！ **目標 4 分で答えよう** ●

❑ 俳優は、自己の演技が録画されている映画の DVD がレンタル店で貸与される場合、その DVD が最初に販売された日から起算して 1 月以上 12 月を超えない範囲内において政令で定める期間を経過するまで、貸与権を有する。[H26-42]
☞(1)答✕

❑ 映画に出演した俳優は、その映画の DVD の最初の販売の日から 1 月以上 12 月を超えない範囲で政令の定める期間は、実演家として、その映画の DVD の貸与について貸与権を有するが、その期間を経過した後は、排他権のない報酬請求権を有するにすぎない。[H18-47]
☞(1)(2)答✕

❑ 市販されている音楽 CD を利用したテレビドラマが DVD として発売されることに対して、その音楽 CD の製作者はそれを許諾する権利を有する。[H17-21]
☞(3)答○

❑ レコード製作者は、自己が固定した商業用レコードに録音されている音楽がテレビ番組の中で放送された場合には、二次使用料を請求することができるが、レコード製作者が有する請求権を管理する指定団体が存在する場合には、レコード製作者自身は、当該権利を行使することはできない。[H21-34]
☞(4)答○

❑ 新譜 CD の販売後 6 月を経過すると、レコード製作者の許諾なしに、レンタルショップがその CD を公衆に貸与したとしても、そのレコード製作者は差止めを請求することができない。[H24-10]
☞(5)答✕

34 放送事業者等の権利／侵害⑴

1 放送事業者の権利

(1)放送事業者は、放送等を録音・録画・写真等により複製する権利(複製権)を専有する(98条)。

(2)放送事業者は、再放送権・有線放送権(99条)・送信可能化権(99条の2)・テレビジョン放送の伝達権(100条)を有する。

⇨放送される番組等が著作物である必要はない。

2 有線放送事業者の権利

(3)有線放送事業者は、複製権・放送権・再有線放送権・送信可能化権・有線テレビジョン放送の伝達権を有する。

3 権利侵害(差止請求)

(4)著作者・著作権者・出版権者・実演家・著作隣接権者は、各人の権利を侵害する者又はそのおそれがある者に対し、差止請求を行うことができる(112条1項)。

⇨利用許諾を受けたにすぎない者は、差止請求できない。

(5)著作権侵害を幇助する者に対しても、差止請求が認められる場合がある。

⇨カラオケ業者に対して、著作権侵害を幇助したとして、著作権侵害を認めた判例がある。

4 侵害とみなす行為：頒布目的での海賊版の輸入

(6)国内で頒布する目的をもって、輸入時に国内で作成したならば著作権等の侵害となるべき行為によって作成された物を輸入する行為は、侵害とみなされる(113条1項1号)。

⇨研究目的等の場合は、侵害とはならない。

⇨現実の作成時点ではなく、輸入時点での作成が侵害となることが必要である点に注意せよ。

学習日	月 日	月 日	月 日	月 日
正答数	／7	／7	／7	／7

● 出た過去問！ 出る予想問！ **目標 4 分で答えよう** ●

❏ テレビで放送された歌手の歌唱シーンを、販売のため写真に撮影する行為は、放送事業者の複製権の侵害となる。[H27-3] ☞(1)啓○

❏ 放送事業者は、自己の放送した番組を受信して無断で再放送する行為に対して、排他権は有せず、二次使用料を請求する権利を有するにとどまる。[H21-34] ☞(2)啓×

❏ サッカーチームの運営会社が、テレビで生放送されている試合を直接受信して、大型スクリーンを用いてスタジアムでサポーターに鑑賞させても、その放送番組が著作物の要件を満たさない場合には、放送事業者の著作隣接権を侵害しない。[H20-58] ☞(2)啓×

❏ 差止請求は財産権侵害の場合にのみ認められるものであり、著作者は著作者人格権を侵害する者に対して差止請求をすることができない。[予想問] ☞(4)啓×

❏ 著作権者から著作物の利用の許諾を受けた者は誰でも、その許諾の範囲内において、違法に著作物を利用する者に対して利用行為の差止めを請求できる。[H29- 著不 3] ☞(4)啓×

❏ カラオケ装置のリース業者は、リース先のカラオケ店がその装置を用いて著作権侵害を行った場合、法的責任を負うことがある。[H18-8] ☞(5)啓○

❏ 国内において頒布する目的をもって、作成の時において国内で作成したとしたならば著作者人格権の侵害となるべき行為によって作成された物を輸入する行為は、当該著作者人格権を侵害する行為とみなされる。[H14-24] ☞(6)啓×

必ず出る！
基礎知識 **目標6分で覚えよう**

1 **情を知った頒布等**(113条1項2号)

⑴著作権等侵害物品であることを知って、頒布し、又は頒布の目的を持って所持する行為等は、著作権等の侵害とみなされる。

⇨頒布時までに、侵害物品であることを知ればよい。

2 **違法プログラムの使用**(113条5項)

⑵著作権侵害により作成された違法プログラムを、業務上コンピュータで使用する行為は、当該プログラムを取得した時に違法であることを知っていた場合に限り、著作権侵害とみなされる。

3 **国外頒布レコードの輸入**(113条10項)

⑶専ら国外での頒布を目的とした商業用レコードを、国内頒布目的で輸入等する行為は、一定要件下で侵害とみなされる。

4 **著作者人格権のみなし侵害**(113条11項)

⑷著作者の名誉・声望を害する方法で著作物を利用する行為は、著作者人格権の侵害とみなされる。

⇨著作物の改変の有無は問わない。

5 **リーチサイト対策等**(113条2項・3項)

⑸①公衆を侵害コンテンツに殊更に誘導するウェブサイト・アプリの運営・提供、②リンク先が侵害コンテンツであることにつき故意・過失をもってリンクを提供する行為、③侵害コンテンツへのリンク提供等を認識しつつ放置してサイト運営を行う行為は、侵害とみなされる。

学習日	月　日	月　日	月　日	月　日
正答数	／7	／7	／7	／7

● 出た過去問！出る予想問！ **目標 4 分で答えよう** ●

□ 海賊版であることを知らずに映画の DVD を仕入れた小売業者は、その DVD が海賊版であることを知った後も、当該映画の著作権者の許諾なしにその DVD を販売することができる。[H26-9] ☞(1)答×

□ 海賊版プログラムを業務上コンピュータで使用する行為は、その海賊版の入手の時に海賊版であることを知っていたとしても、著作権の侵害を構成しない。[H17-7] ☞(2)答×

□ プログラムの著作物の違法複製物を、違法複製物であることを知らずに無償で譲り受けて企業内で使用する行為は、著作権侵害とならない。[H23-41] ☞(2)答○

□ プログラムの著作物の違法複製物の所有者がそのプログラムを業務上使用する行為は、当該複製物を入手したときに、それが違法に作成されたものであることを知らなかった場合でも、著作権侵害とみなされる。[H30-著不10] ☞(2)答×

□ 音楽の著作物の著作権者の許諾にもとづき国外で適法に頒布された音楽 CD を日本国内に輸入する行為が著作権の侵害を構成することはない。[H17-7] ☞(3)答×

□ ある著作物の特定の利用行為が、著作者の社会的・外部的な評価の低下をもたらす場合、当該著作者の著作者人格権の侵害とみなされる。[R1-著不4] ☞(4)答○

□ 著作者の社会的な評価を低下させるような著作物の利用であっても、その利用が著作物の改変を伴わない場合には、著作者人格権の侵害とみなされることはない。[H26-51] ☞(4)答×

36 損害額賠償請求

1 損害額の推定等(114条)

(1)著作権者・出版権者・著作隣接権者は、損害賠償請求を
する際、損害額の推定等の立証の軽減規定の適用を受け
ることができる。

⇨著作者人格権・実演家人格権の侵害については、この恩
恵がない。

2 名誉回復等の措置(115条)

(2)著作者・実演家は、故意・過失による著作者人格権・実演
家人格権侵害者に対し、名誉回復等の措置を請求できる。

⇨著作権者・著作隣接権者は、請求できない。

⇨損害賠償とともに、又は損害賠償に代えて請求できる。

⇨名誉・声望が害されたか否かは、客観的に判断される。

3 共同著作物の権利侵害(117条)

(3)共同著作物の各著作者又は各著作権者は、他の著作者又
は他の著作権者の同意を得ることなく、差止請求(112条)、
自己の持分に応じた著作権侵害に係る損害賠償請求、不
当利得返還請求をすることができる。

⇨著作者人格権侵害については、自己の持分に応じて損害
賠償・不当利得返還請求ができる旨の明文規定はない。

4 無名又は変名の著作物に係る権利の保全(118条)

(4)無名又は変名の著作物の発行者は、その著作物の著作者
又は著作権者のために、自己の名をもって差止請求(112
条)、名誉回復措置請求(115条)、損害賠償請求等をする
ことができる。

学習日	月　日	月　日	月　日	月　日
正答数	／7	／7	／7	／7

● 出た過去問！　**目標 4 分で答えよう** ●
　 出る予想問！

□ 著作者人格権が侵害された場合には、損害賠償を請求をすることができ、著作権法第 114 条に規定される損害の額の推定等の適用を受けることができる。[予想問]　　☞(1)答✕

□ 著作権者又は著作隣接権者は、名誉回復措置請求をすることができる。[予想問]　　　　　　　　　　　　☞(2)答✕

□ 名誉回復措置請求は、損害賠償請求とともにでなければ、することができない。[予想問]　　　　　　　☞(2)答✕

□ 意に反する著作物の改変により名誉感情を害された著作者は、当該改変により自己の名声、信用等について社会から受ける客観的な評価が低下しない場合でも、謝罪広告の掲載を請求することができる。[H28- 著不 5]　　☞(2)答✕

□ 共同著作物である小説が第三者により無断で出版されている場合、各共同著作者は、単独で差止めを請求できる。[H22-5]　　　　　　　　　　　　　　　　☞(3)答○

□ 共同著作物が第三者により無断で改変された場合、各共同著作者が同一性保持権侵害に係る自己の持分に対する損害賠償請求を単独でなし得るか否かという点について、著作権法に明文の規定はない。[H22-5]　　☞(3)答○

□ 無名又は変名の著作物の発行者は、その著作物の著作者、著作権者のために、発行者名で差止請求をすることができる。[予想問]　　　　　　　　　　　　　　☞(4)答○

著作者又は実演家の死後における人格的利益の保護のための措置

1 著作者・実演家の死亡後に権利行使できる者 (116 条)

(1)著作者・実演家の死亡後であっても、一定の遺族は、故人が有していた権利を行使することができる。

⇨著作者人格権・実演家人格権は、一身専属的権利であって相続されないため (59 条、民 896 条但書)、相続人ではなく一定の遺族に請求権が認められている。

2 一定の遺族が請求できる権利

(2)一定の遺族は、著作者等が生存していれば著作者人格権侵害等となる行為をした者に対し、差止請求 (112 条)、名誉回復等の措置請求 (115 条) をすることができる。

⇨損害賠償請求をすることはできない。

3 請求することができる優先順位 (116 条 2 項・3 項)

(3)著作者等の死後における人格的利益の保護のための請求をすることができる遺族の順位は、次のとおり。

①配偶者→②子→③父母→④孫→⑤祖父母→⑥兄弟姉妹

⇨但し、遺言により順位を別に定めた場合は、その順序となる。

(4)遺言により、遺族に代えて指定を受けた者がいる場合には、その者が差止等の請求権者となる。

⇨遺言で指定を受けた者が死亡した場合には、原則どおり遺族が請求できるという見解が通説であるが、そのまま消滅するという見解もある。

学習日	月　日	月　日	月　日	月　日
正答数	／5	／5	／5	／5

出た過去問！ 出る予想問！ 目標 **4** 分で答えよう

❏ 著作物は一種の文化財としての側面を持っているため、同一性が害されるおそれがある場合に差止請求ができないのは不都合である。そのため、著作者人格権は相続され、相続人により差止請求等がなされる。[予想問]　　☞(1)答×

❏ 著作者の死後においては、その著作者の配偶者は、その著作者が存しているとしたならば当該著作者人格権の侵害となるべき行為をする者又はするおそれがある者に対し、その行為の停止又は予防を請求することができる。[H14-24]
☞(2)答〇

❏ 著作者又は実演家の死後における人格的利益の保護のための措置の規定（著作権法第116条第1項）における請求権者は、順序が法定されており、差止請求をすることができる者は、いかなる場合もまずは配偶者である。[予想問]
☞(3)答×

❏ 著作者又は実演家の死後における人格的利益の保護のための措置の規定（著作権法第116条）に基づく請求は、遺族によってなされるのが原則であるが、遺言により指定を受けた者がいる場合には、その者によってなされる。[予想問]
☞(4)答〇

❏ 著作者又は実演家の死後における人格的利益の保護のための措置の規定（著作権法第116条）に基づく差止請求は、遺族でなくともすることができる場合がある。[予想問]
☞(4)答〇

38 罰 則

1 著作権等の侵害罪

(1)著作権・出版権・著作隣接権を侵害した者は、<u>10年以下の懲役</u>若しくは<u>1,000万円以下の罰金</u>に処し、又はこれを併科する(119条1項)。

(2)著作権等の侵害罪は、<u>親告罪</u>が原則である(123条1項・2項)。

(3)著作者人格権・実演家人格権を侵害した者、海賊版の輸入等、違法プログラムの使用を行った者は、<u>5年以下の懲役</u>若しくは<u>500万円以下の罰金</u>に処し、又はこれを併科する(119条2項1号・3号・6号)。

(4)①<u>リーチサイト運営者・リーチアプリ提供者</u>には、5年以下の懲役又は500万円以下の罰金が科される(119条2項4号・5号)。②<u>侵害コンテンツへのリンク提供者</u>には、3年以下の懲役又は300万円以下の罰金が科される(120条の2第3号)。①・②いずれも懲役と罰金の<u>併科</u>がある。

⇨いわゆる<u>プラットフォーム・サービス提供者</u>は、原則として、上記①の対象にならない。

(5)<u>技術的保護手段を回避する装置・プログラム・不正なシリアルコードを公衆に譲渡</u>等した者(120条の2第1号・4号)、<u>業として公衆からの求めに応じて技術的保護手段の回避を行った者</u>(120条の2第2号)は、<u>3年以下の懲役</u>若しくは<u>300万円以下の罰金</u>に処し、又はこれを併科する。

⇨技術的保護手段の採用がデジタル録画機器の製造者に義務付けられているわけではない。

(6)<u>営利目的で権利管理の情報の改変</u>等を行った者には、刑事罰が科される(120条の2第5号)。

○　出た過去問！　目標 **4** 分で答えよう　○
　　出る予想問！

□ 著作権、出版権又は著作隣接権を侵害した者は、5年以下の懲役若しくは500万円以下の罰金に処し、又はこれを併科する。但し、著作権等の侵害とみなされる場合を除く。[予想問]　　　　　　　　　　　　　　　　　☞(1)答×

□ 著作権侵害の罪も、特許権侵害の罪と同様、非親告罪である。[予想問]　　　　　　　　　　　　　　　☞(2)答×

□ 汎用的なウェブサイト（＝プラットホーム）において、単に特定のユーザーによるリーチサイトの提供の機会を提供したにすぎない者は、刑罰を科されない場合がある。[予想問]　　　　　　　　　　　　　　　　　　☞(4)答○

□ 甲は、購入した音楽CDにコピー・プロテクションがかけられているのを知り、技術に詳しい友人乙に頼んで、そのプロテクションを解除してもらい、通学中に聴くために、携帯電話に複製した。甲による複製は、私的使用のための複製には該当しないため、音楽著作物の複製権を侵害し、乙によるプロテクションの解除は、著作権法上の刑事罰が科される可能性がある。[H21-13]　　　　☞(5)答×

□ 著作権法は、デジタル録画機器の製造者に、技術的保護手段の採用を義務づけており、その違反に対しては、罰則が科されることになっている。[H16-34]　　　☞(5)答×

□ 音楽CDに施された権利管理情報を除去する行為は、営利目的がなければ、刑事罰の対象とならない。[H26-9]
　　　　　　　　　　　　　　　　　☞(6)答○

第3章

パリ条約

1 パリ条約の保護対象

(1)パリ条約の保護対象は、工業所有権である (1 条(1))。

(2)工業所有権には、特許・実用新案・意匠・商標・サービ
スマーク・商号・原産地表示・原産地名称・不正競争の
防止に関するものが含まれる (1 条(2))。

⇨発明者証は、工業所有権には含まれない。

⇨これら全てを同盟国が保護する義務を負うわけではない。

2 工業所有権の解釈

(3)工業所有権の語は、最も広義に解釈する (1 条(3))。

⇨工業製品でないものも、工業所有権の保護対象となる。

> 例 ぶどう酒・穀物・たばこの葉・果実・家畜・鉱物・鉱水・
> ビール・花・穀粉
>
> ⇨但し、これら全てを同盟国が保護する義務を負うわけ
> ではない。

3 パリ条約は改正条約

(4)いずれの国も、ストックホルム改正条約より前の改正条
約には、加入できない (23 条)。

4 特許の種類

(5)特許には、輸入特許・改良特許・追加特許等、同盟国の
法令によって認められる各種の特許が含まれる (1 条(4))。

⇨輸入特許は、特許独立の原則 (4 条の 2) の例外であり、他
国の特許権に従属する場合がある。

学習日	月　日	月　日	月　日	月　日
正答数	／7	／7	／7	／7

出た過去問！
出る予想問！　**目標 4 分で答えよう**

3章

保護対象

❏ パリ条約の保護対象は、<u>産業財産権</u>であると規定されている。[予想問]　　　　　　　　　　　　　　　　☞(1)答 ✕

❏ パリ条約第1条において、工業所有権の保護は、特許、実用新案、意匠、商標、サービス・マーク、商号、原産地表示又は原産地名称に関するもののみならず、不正競争の防止に関するものも含む。[H15-55]　　　　　☞(2)答 ◯

❏ パリ条約の同盟国は、本来の工業及び商業のみならず、<u>農業及び採取産業の分野並びに製造した又は天然の全ての産品についても、工業所有権によって保護をする義務を負う。</u>[H24-31]　　　　　　　　　　　　　　　　　☞(3)答 ✕

❏ 工業所有権の語は、家畜についても用いられる。[H18-49]　　　　　　　　　　　　　　　　　　　　　　☞(3)答 ◯

❏ 同盟に属しない国が新たにパリ条約に加入しようとする場合、<u>いずれの改正条約をも選択することができる。</u>[S61-5]　　　　　　　　　　　　　　　　　　　☞(4)答 ✕

❏ 特許には、輸入特許、改良特許、追加特許等の同盟国の法令によって認められる各種の特許が含まれる。[H27-52]　☞(5)答 ◯

❏ 同盟国の国民が一の同盟国において出願した特許は、その特許の種類によっては、他の同盟国において同一の発明について取得した特許から独立したものとされない場合がある。[H6-8]　　　　　　　　　　　　　　　☞(5)答 ◯

2 内国民待遇⑴

1 内国民待遇の内容

⑴内国民待遇とは、他の同盟国の法令が内国民に対し現在
与えている利益、又は将来与えることがある利益を、各
同盟国民にも享受させるものである（2条⑴）。

⇨最低限、内国民と同じ利益を享受させなければならない。

⇨内国民以上に利益を与えても、内国民待遇に違反しない。

⇨「法令」には、条約を含まない。

⑵各同盟国の国民は、この条約で特に定める権利を害され
ることなく、内国民待遇の利益を享受できる（2条⑴）。

⇨条約が定める優先権（4条）等の利益については、内国民
に認めない場合であっても、他の同盟国民に対して享受
させなければならない。

2 内国民待遇の利益を享受できる者

⑶各同盟国民は、他の全ての同盟国において、内国民待遇
の利益を享受することができる（2条⑴）。

⇨同盟国民か否かの判断基準は、次のとおり。

　①自然人の場合、国籍で判断する。

　②法人の場合、設立準拠法で判断する。

　③共同出願の場合、全員が同盟国民であること。

　④二重国籍の場合、どれか1つが同盟国の国籍であること。

3 内国民待遇の適用対象

⑷内国民待遇の適用対象は、全ての工業所有権（2条⑴）。

⇨前課⑵掲載の全てが対象。つまり、不正競争の防止に関
するもの、原産地表示、原産地名称も、工業所有権に含
まれる。

出た過去問！
出る予想問！　目標 **4** 分で答えよう

❏ パリ条約のストックホルム改正条約における内国民待遇の原則によれば、各同盟国の国民は、工業所有権の保護に関し、この条約で特に定める権利を害されることなく、他のすべての同盟国において、当該他の同盟国の法令が内国民に対し現在与えている利益のみを享受する。[H14-33]

☞(1)答×

❏ この条約において、各同盟国は、他の同盟国の国民に対し、内国民に現在与えており又は将来与えることがある利益と同一の利益を与えなければならず、内国民に比して他の同盟国の国民を有利に取扱ってはならない。[H16-32]

☞(1)答×

❏ パリ条約のストックホルム改正条約における内国民待遇の原則によれば、同盟国は、その国の国内法令が内国民に対し現在与えており又は将来与えることがある利益のみならず、その国が加盟している国際条約上の利益も、他のすべての同盟国の国民に対し当然に与えなければならない。[H12-37]

☞(1)答×

❏ パリ条約の同盟国に属しない国Xの国民甲が、同盟国Yの国民乙と共同して、同盟国Zに特許出願をした場合、甲は同盟国Zにおいて、当該特許の保護に関し、常にいわゆる内国民待遇を受けることができる。[H22-10]　☞(3)③答×

❏ パリ条約のストックホルム改正条約における内国民待遇の原則による保護は、特許、実用新案、意匠、商標、サービス・マーク及び商号に限られる。[H14-33 改]　☞(4)答×

1　内国民待遇を受けるための要件

(1)内国民待遇を受けるためには、原則として、内国民に課される条件・手続に従うことが必要である(2条(1)第2文)。

(2)内国民待遇を受けるためには、保護が請求される国に住所があることを要しない(2条(2))。

(3)司法上・行政上の手続、裁判管轄権、住所の選定、代理人の選任については、国内法令で定めることができる(2条(3))。

⇨これらについては、他の同盟国民に対し、内国民と異なる条件・手続を課すことが許容される。

2　同盟国の国民とみなされる者：準同盟国民

(4)同盟に属しない国の国民であっても、いずれかの同盟国の領域内に住所又は現実かつ真正の工業上・商業上の営業所を有するものは、同盟国民とみなされる(3条)。

⇨同盟国の中に住所等があればよく、保護が請求される国に住所等がなくてもよい。

⇨「同盟に属しない国の国民」のみならず、無国籍人も、上記の要件を満たせば、同盟国民とみなされる。

3　非同盟国民との共有の場合

(5)同盟国民と非同盟国民の共有特許権について、内国民待遇を認めるか否かは、第二国の自由であって、認める義務を負わない。

⇨非同盟国民との共有であっても、その者が準同盟国民(3条)である場合、第二国は、内国民待遇を与える義務を負う。

学習日	月　日	月　日	月　日	月　日
正答数	／7	／7	／7	／7

❏ 同盟国の国民は、内国民と同一の保護を受け、かつ、自己の権利の侵害に対し内国民と同一の法律上の救済を与えられるためには、内国民に課される条件及び手続に従うことが要求される。[S55-30]　　　　　☞(1)答○

❏ 各同盟国の国民が工業所有権を享有するためには、各同盟国の法令の定めるところにより、保護が請求される国に住所又は営業所を有することが条件とされることがある。[H18-49]　　☞(2)答×

❏ 司法上及び行政上の手続並びに裁判管轄権については、並びに工業所有権に関する法令上必要とされる住所の選定又は代理人の選任については、各同盟国の法令の定めるところによる。[H18-49]　　　　　　　　　　　　☞(3)答○

❏ 同盟に属しない国の国民であって、いずれかの同盟国の領域内に住所を有するものは、同盟国の国民とみなす。[H18-49]　　　　　　　　　　　　　　　　　　　☞(4)答○

❏ 同盟に属しない国の国民は、保護が請求される同盟国に住所又は現実かつ真正の工業上若しくは商業上の営業所を有する場合に限り、いわゆる内国民待遇の原則による利益を享受することができる。[H23-56]　　　　　　☞(4)答×

❏ 同盟国の国民とみなされる者には、無国籍の者は含まれない。[H8-18 改]　　　　　　　　　　　　　　　☞(4)答×

❏ パリ条約の同盟国に属しない国Aの国民甲が同盟国Bの国民と共同して同盟国Cに特許出願をした場合、甲はC国において当該特許の保護に関して常にいわゆる内国民待遇を受けることができる。[H5-15]　　　　　　　☞(5)答×

1 優先権発生の出願主体

(1)優先権は、同盟国民・準同盟国民の出願により発生する。

(2)優先権は、特許を受ける権利とは別に、承継させることができる。

⇨第一国出願についての特許を受ける権利を譲渡した場合であっても、優先権を譲渡していない限り、当該出願を基礎とした優先権主張を伴う出願をすることができる。

2 優先権を発生させる出願

(3)出願は、いずれかの同盟国にする必要がある(4条A(1))。

⇨同盟国であればよく、自国である必要はない。

(4)国内法令、同盟国の間で締結された二国間条約又は多数国間条約により正規の国内出願とされる全ての出願は、優先権を生じさせる(4条A(2))。

⇨二国間条約とは、スイスとリヒテンシュタインの特許条約等のこと。

⇨多数国間条約とは、PCT等のこと。

(5)優先権を発生させる正規の国内出願とは、出願日付を確定するために十分な全ての出願をいう(4条A(3))。

⇨出願日の認定ができれば、優先期間の起算が可能だからである。その後に放棄・却下・拒絶になっても構わない。

3 国際出願と優先権の発生

(6)国際出願の場合、国際出願日が認定されていなくても、PCT11条(1)(i)〜(iii)を満たせば、正規の国内出願とされ、パリ優先権が発生する(PCT11条(4))。

◎ 出た過去問！ 出る予想問！ **目標 4 分で答えよう** ◎

3章

優先権の発生(1)

❑ 同盟国において、特許出願イをした出願人甲が、その同盟国におけるイに係る特許を受ける権利を他人に譲渡した。その後甲は、他の同盟国においてイに基づく優先権を主張して特許出願をすることができる場合はない。[H4-4]

☞(2)答✕

❑ 同盟国の国民が自国に正規の出願をしない場合であっても、優先権が発生する場合がある。[予想問]　　☞(3)答○

❑ 各同盟国の国内法令又は同盟国の間で締結された二国間若しくは多数国間の条約により正規の国内出願とされるすべての出願は、優先権を生じさせるものと認められている。[H22-41]　　☞(4)答○

❑ 優先権の主張の基礎となる出願は、正規の国内出願である必要がある。したがって、出願後に当該出願が拒絶され、又は、放棄がされた場合は、優先権が消滅する。[H29- 条約7 改]　　☞(5)答✕

❑ 受理官庁が国際出願の受理の日を国際出願日として認めていない場合であっても、特許協力条約の締約国でない工業所有権の保護に関するパリ条約の締約国への出願に際して、当該受理の日を優先日として当該国際出願に基づき工業所有権の保護に関するパリ条約の優先権を主張できる場合がある。[H21-28]　　☞(6)答○

優先権の発生⑵

1 優先権を発生させる出願の種類

(1)優先権は、第一国への特許・実用新案・意匠・商標、及び一定の発明者証の出願により発生する（4条A⑴・I⑴）。

⇨第二国は、サービスマークの出願について優先権を認める義務はない。しかし、サービスマークの出願から優先権を認める法制をとることはできる。

(2)発明者証の出願から優先権が発生するのは、当該発明者証の出願をする国が、特許制度と発明者証制度を併有している同盟国であって、かつ、出願人が自己の選択により発明者証の出願をした場合に限られる（4条I⑴）。

2 最初の出願であること

(3)優先権は、同盟国に出願した最初の出願から発生する。

⇨後の出願であっても、①最初の出願と同一の対象が、②同一の同盟国に出願され、先の出願が、③公衆の閲覧に付されず、④いかなる権利も存続させず、⑤後の出願日までに取下げ等され、⑥優先権主張の基礎とされていない場合は、最初の出願とみなされる（4条C⑷）。

3 出願書面全体から発生する

(4)優先権は、請求の範囲からだけではなく、出願書面の全体から発生する（4条H参照）。

⇨優先権は、願書・要約書から発生することはないが、図表からは発生することがある。

(5)出願書面全体から優先権が生じることが第二国に義務付けられているのは、特許のみである。

⇨実用新案には、準用されていない。

○ 出た過去問！出る予想問！ 目標 **4** 分で答えよう ○

❏ サービスマークの出願については、各同盟国は優先権を認める義務はない。[H17-17]　　　　　　　　☞(1)答○

❏ いずれの同盟国も、サービスマークの登録出願に関し優先権を認める法制をとることはできない。[H2-33]　☞(1)答×

❏ 出願人が、特許又は発明者証のいずれの出願をもすることができる同盟国においてされた発明者証の出願に基づく優先権を主張して、他の同盟国において特許出願をした場合、その優先権が否認される場合はない。[H7-17]　☞(2)答×

❏ 最初の出願と同一の対象について同一の同盟国においてされた後の出願は、先の出願が、優先権の主張の基礎とされた後に、公衆の閲覧に付されないで、かつ、いかなる権利をも存続させないで、取り下げられ、放棄され又は拒絶の処分を受けたことを条件として、最初の出願とみなされ、その出願の日は優先期間の初日とされる。[H30-条約7]

☞(3)答×

❏ 優先権は、当該優先権の主張に係る発明の構成部分が最初の出願の請求の範囲から明らかであれば、最初の出願に係る出願書類の請求の範囲以外の部分に記載されていなくても否認することはできない。[H14-53]　☞(4)答○

❏ この条約の、優先権は出願書面全体から発生することを義務付ける規定は、実用新案に準用されている。[H6-50改]

☞(5)答×

1 優先期間の始期

(1)優先期間は、<u>最初の出願の日</u>から開始するが、<u>出願の日</u>は、<u>期間に算入しない</u>（4条C(2)）。

⇨優先権は、最初の出願の日から発生する。

(2)各同盟国の主管庁は、所定の博覧会に<u>産品を搬入した日</u>から優先期間が開始するものとすることができる（11条(2)）。

⇨<u>第一国出願前から優先期間が起算される場合がある</u>。但し、この場合に、優先期間が延長されるわけではない。

2 優先期間の延長

(3)優先期間の末日が第二国の<u>法定の休日</u>又は所轄庁が出願を受理するために<u>開いていない日</u>に当たるときは、その日の後の<u>最初の就業日</u>まで延長される（4条C(3)）。

3 優先期間

(4)優先期間は、特許・実用新案・発明者証出願の場合は<u>12月</u>、意匠・商標の場合は<u>6月</u>である（4条C(1)）。

(5)第一国出願が実用新案、第二国出願が<u>意匠登録出願</u>の場合の優先期間は、<u>6月</u>である（4条E(1)）。

⇨第一国出願が意匠、第二国出願が<u>実用新案</u>の場合も、優先期間は、<u>6月</u>である。

(6)第一国が<u>実用新案</u>、第二国が<u>特許</u>の場合、またその逆の場合の優先期間は、<u>12月</u>である（4条E(2)）。

⇨(5)(6)に記載したパターン以外の出願で優先権を認めるか否かは、<u>第二国の裁量</u>である。

◉ 出た過去問！ 出る予想問！ 目標 **4** 分で答えよう ◉

3章

優先期間

❑ 優先期間は、第一国出願の日から起算される。[予想問]
☞(1)答×

❑ 優先権は最初の出願の日の翌日に生ずる。[H2-33] ☞(1)答×

❑ 優先期間は、最初の出願の日より前の日から開始する場合はない。[H6-50]
☞(2)答×

❑ 優先期間は、常に最初の出願の日から開始し、その優先期間が延長される場合はない。[S61-24]
☞(3)答×

❑ 優先期間は、その末日が保護の請求される国において法定の休日又は所轄庁が出願を受理するために開いていない日に当たるときは、その日の後の最初の就業日まで延長される。[H22-41]
☞(3)答○

❑ いずれかの同盟国において正規に特許出願若しくは実用新案、意匠若しくは商標の登録出願をした者又はその承継人は、他の同盟国において出願をすることに関し、特許及び実用新案については 12 月、意匠及び商標については 6 月の各期間中、優先権を有する。[H27-52]
☞(4)答○

❑ 実用新案登録出願に基づく優先権を主張して意匠登録出願をした場合には、優先期間は 6 月である。[H17-17] ☞(5)答○

❑ この条約には、いずれかの同盟国において正規に特許出願をした者が、当該特許出願に基づく優先権を主張して他の同盟国において意匠登録出願をした場合、当該他の同盟国が、このような優先権を認めることを義務づける、との規定はない。[H17-17]
☞(6)答○

1 優先権主張書面の提出

(1)優先権を主張しようとする者は、その出願の日付及びその出願がされた同盟国の国名を明示した申立てをしなければならない(4条D(1)第1文)。

(2)第一国出願の日付・国名を明示した申立て(優先権主張書面の提出)の期限は、各同盟国が定める(4条D(1)第2文)。

⇨期限は各国が自由に定めることができ、出願と同時である必要はない。

⇨国によって提出時期が異なる場合がある。

2 優先権証明書の提出

(3)最初の出願に係る出願書類の謄本(優先権証明書)は、第二国が要求する場合に提出が要求される(4条D(3)第1文参照)。

⇨条約上、提出が義務付けられているものではない。

⇨出願の際に優先権の申立てについて要求できる書面は、出願書類の謄本、出願の日付を証明する書面、訳文である(4条D(3)・(4)第1文)。

(4)後の出願の日から3月間は、いつでも出願書類の謄本の提出ができ、その間は、無料で提出できる(4条D(3)第2文)。

⇨上記期間を経過した場合は、料金を徴収することもできる。

⇨料金を徴収するか否かは、第二国の裁量による。

出た過去問！出る予想問！ 目標 **4** 分で答えよう

3章

優先権の主張(1)

❏ 最初の出願に基づいて優先権を主張しようとする者は、その出願の日付及びその出願がされた同盟国の国名を明示した申立てをしなければならない。[H22-41] ☞(1)答○

❏ 最初の出願に基づいて優先権を主張しようとする者は、その出願の日付及びその出願がされた同盟国の国名を明示した申立てを、その優先権の主張を伴う出願と同時にしなければならない旨、パリ条約に規定されている。[H7-17]

☞(2)答×

❏ 最初の出願に基づいて優先権を主張しようとする場合、その出願の日付及びその出願がされた同盟国の国名を明示した申立てをしなければならない期間は、各同盟国間で異なることがある。[H14-53] ☞(2)答○

❏ 同盟国が優先権の申立てをする者に対してパリ条約第4条D(4)にいう「出願の際」に提出を要求することができるのは、その優先権の基礎となる最初の出願イを受理した主管庁が認証したイに係る出願書類の謄本とその主管庁が交付するイの日付を証明する書面に限られない。[H4-4]

☞(3)答○

❏ 最初の出願を受理した主管庁が認証した最初の出願に係る出願書類の謄本は、いかなる公証をも必要とせず、また、いかなる場合にも、最初の出願の日から1年4月の期間内においてはいつでも、無料で提出することができる。[H8-31]
☞(4)答×

優先権の主張(2)／優先権の効果

1 優先権主張を怠った場合の効果

(1)優先権主張等の手続を怠った場合、各同盟国は、<u>優先権の喪失</u>を限度として<u>効果</u>を定めることができる(4条D(4))。

⇨このことのみを根拠に、<u>拒絶</u>や<u>無効</u>になるわけではない。

⇨但し、優先権を喪失した結果、<u>新規性</u>を失った等の理由で拒絶や無効になることはあり得る。

2 第一国出願の番号の明示

(2)優先権を主張する者は、最初の出願の<u>番号</u>を明示する必要がある(4条D(5)第2文)。

⇨明示しなくても、優先権を喪失することはない(4条D(4)参照)。

(3)第一国出願の番号は、<u>権限のある官庁</u>が発行する刊行物に掲載されて<u>公表</u>される(4条D(5)第2文)。

3 優先権の効果

(4)第二国出願は、優先期間中の行為(例<u>公知行為</u>・<u>第三者の出願</u>)によって不利な取扱いを受けない(4条B)。

⇨その間の行為によって、<u>後願</u>であることや、<u>新規性</u>が喪失したことにより拒絶等されることはない。

(5)優先期間中の行為は、<u>第三者</u>のいかなる<u>権利</u>又は<u>使用</u>の権能を生じさせない(4条B)。

⇨その間の行為により、第三者に<u>先使用権</u>等が認められることはない。

(6)優先権の効果として、出願日が<u>遡及</u>するわけではない。

⇨出願日から存続期間の<u>終期</u>を起算する場合、優先権を主張した場合と主張しない場合とで、差異は生じない。

DATE & RECORD

学習日	月　日	月　日	月　日	月　日
正答数	／7	／7	／7	／7

出た過去問！
出る予想問！ **目標4分で答えよう**

3章

優先権の主張(2)／優先権の効果

❏ 各同盟国は、優先権の申立てについてパリ条約第4条D(1)及び(3)で定めている手続がされなかった場合の効果を、優先権の喪失を限度として、国内法令で定める。[H3-12]
☞(1)答○

❏ いずれかの同盟国において優先権の主張を伴う出願をしたときに最初の出願の番号を明示しなかった場合には、そのことを理由に優先権が直ちに喪失する。[H26-36] ☞(2)答×

❏ 第一国の出願番号については、権限のある官庁が発行する刊行物に掲載される旨の規定がある。[予想問] ☞(3)答○

❏ 優先期間内に当該発明に係る物品が販売された後にAが出願された場合には、Aはその販売によって不利な取扱いを受けることがある。[S55-13] ☞(4)答×

❏ いずれかの同盟国において優先権の利益によって取得された特許権が存在するとき、当該同盟国において当該優先期間中に当該発明の実施をした第三者は、その実施に基づきいわゆる先使用による通常実施権を有することがある。[H3-12] ☞(5)答×

❏ パリ条約の優先権を主張してされた特許出願の出願日は、当該優先権の基礎とされた出願の出願日まで遡及する。[予想問] ☞(6)答×

❏ 優先権の利益によって取得された特許の存続期間の起算点は、その優先権の利益がなかったとした場合のその特許の存続期間の起算点となる日とは異なった日とすることはできない。[H2-33] ☞(6)答○

・133・

9 特許独立の原則

1 他の国の同一特許権との関係

(1)特許独立の原則では、A国の特許権が消滅した場合に、B国の特許権を従属させて消滅させることはできない（4条の2(1)・(2)）。

⇨例外として、輸入特許は、従属させることができる。

2 非同盟国の同一特許権との関係

(2)特許独立の原則では、同盟国で取得した特許は、非同盟国の同一の特許権との間であっても、従属関係をつけることはできない（4条の2(1)かっこ書）。

3 特許権発生前の権利

(3)特許独立の原則では、特許権発生前の権利（例特許を受ける権利・補償金請求権）にも、従属関係をつけることはできない。

4 非同一の発明と特許独立の原則

(4)特許独立の原則では、同一の発明でも従属関係をつけることができず（4条の2(1)）、非同一の発明ではなおさら従属関係をつけることができない。

5 優先権を得た特許の存続期間

(5)優先権の利益によって取得された特許と、そうでない特許との存続期間は、同一である（4条の2(5)）。

6 特許独立の原則と新規加入国

(6)特許独立の原則は、新たに加入する国がある場合には、その加入の際に、加入国又は他の国に存する特許についても同様に適用される（4条の2(4)）。

学習日	月　日	月　日	月　日	月　日
正答数	／7	／7	／7	／7

出た過去問！
出る予想問！ **目標4分で答えよう**

3章
特許独立の原則

❑ いずれもパリ条約の同盟国であるＡ国とＢ国に同一の内容の特許権が存在する場合、Ｂ国は、Ａ国の特許権が無効審判により消滅したときに、Ｂ国の特許権を消滅させることはできない。[予想問]　　　　　　　　☞(1)答○

❑ 同盟国は、その国において同盟国の国民が出願し取得した特許を、<u>同一の発明について他の国において取得した特許が特許料の不納付により消滅したことを理由として、消滅させることができる</u>。[H17-39]　　　☞(1)答✕

❑ パリ条約の特許独立の原則では、同盟国で取得した特許は、非同盟国の同一の特許が消滅した場合でも従属関係をつけることはできない。[予想問]　　　　　　　　☞(2)答○

❑ パリ条約の特許独立の原則では、特許権発生前の権利についても従属関係はつけられない。[予想問]　　　☞(3)答○

❑ 同盟国の国民が各同盟国において出願した特許は、他の国（同盟国であるかどうかを問わない。）において同一の発明について取得した特許から独立したものとされるが、<u>同一でない発明について得られた特許に関しては独立性は認められない</u>。[H27-52]　　　　　　　☞(4)答✕

❑ 優先権の利益により取得された特許の存続期間は優先権の利益なく特許出願がされ特許が与えられた場合に認められる存続期間と同一である。[H30-条約7改]　　☞(5)答○

❑ パリ条約におけるいわゆる特許独立の原則の規定は、新たに加入する国がある場合には、その加入の際に加入国又は他の国に存する特許についても、同様に適用される。[H23-9]　　☞(6)答○

10

不実施・不使用に対する措置(1)

1 特許の不実施についての権利の失効

(1)特許は、特許権者がその特許を取得した国にいずれかの同盟国で製造されたその特許に係る物を輸入する場合にも、効力を失わない(5条A(1))。

➡上記「特許権者」には、実施権者が含まれる。

➡非同盟国で製造された物の輸入によって効力を失わせることは可能であるが、その旨の規定はない。

➡効力を失わないだけであり、強制実施権の許諾等は可能である(5条A(2)参照)。

2 特許を失効させるための要件

(2)特許に基づく排他的権利の行使から生ずることがある弊害(例不実施)を防止するための特許の失効は、その前提として、実施権の強制的設定をし、それでも十分でない場合に限り、可能である(5条A(3)第1文参照)。

(3)特許権の消滅又は特許の取消しのための手続は、実施権の最初の強制的設定の日から2年の期間が満了する前には、することができない(5条A(3)第2文)。

➡最初の強制的設定の日から2年を経過しないと、不実施等を理由とした特許の取消しはできない。

➡特許を取り消す規定を設けるか否かは、当該国の自由。

3 不実施に対する強制実施権の要件

(4)不実施の場合の強制実施権の設定は、特許出願の日から4年、特許が与えられた日から3年のうちいずれか遅く満了するものが満了するまでは、請求できない(5条A(4)第1文)。

出た過去問！
出る予想問！ **目標 4 分で答えよう**

3章

不実施・不使用に対する措置(1)

❏ 特許は、特許権の実施の許諾を得た者が、その特許を取得した国にいずれかの同盟国で製造されたその特許に係る物を輸入する場合にも、その効力を失わない。[H7-29]

☞(1)🅰〇

❏ この条約には、同盟国において特許を取得した特許権者が、その特許に係る物を非同盟国で製造してその同盟国に輸入する場合にも、その特許は効力を失わない、との規定はない。[H16-32]　　　　　　　　　　☞(1)🅰〇

❏ 各同盟国は特許の不実施を防止するため、実施権の強制的設定について規定する立法措置をとり、更に実施権の強制的設定では十分でない場合は、特許の効力を失わせることができる。[S61-44]　　　　　　　　☞(2)🅰〇

❏ 各同盟国は、特許に基づく排他的権利の行使から生ずることがある弊害を防止するために実施権の強制的設定では十分でない場合に限り、特許の効力を失わせることについて規定することができるが、特許権の消滅又は特許の取消しのための手続は、実施権の最初の強制的設定の日から2年の期間が満了する前には、することができない。[H28-条約7]　　　　　　　　　　　　☞(3)🅰〇

❏ 各同盟国において、特許に基づく排他的権利の行使から生ずることがある弊害を防止するための実施権の強制的設定は、実施がされず又は実施が十分でないことを理由として、特許出願の日から3年の期間又は特許が与えられた日から2年の期間のうちいずれか遅く満了するものが満了する前に、請求することができる。[H21-22]　　☞(4)🅰✕

11

不実施・不使用に対する措置(2)

1 特許に関する強制実施権の性質

(1)不実施による強制実施権は、<u>排他的</u>なものであってはな·らない(5条A(4)第2文)。

⇨強制実施権の設定後であっても、特許権者は、<u>自ら実施</u>ができ、<u>第三者に実施許諾</u>もできる。

2 特許に関する強制実施権の移転・準用

(2)不実施による強制実施権の移転は、<u>事業とともに</u>行う場合に限り、可能となる(5条A(4)第2文)。

⇨<u>特許権者の許諾</u>があっても、不実施による強制実施権は·移転·できない。

(3)不実施の強制実施権の規定は、<u>実用新案</u>に準用される。

3 意匠の不実施に対する措置

(4)意匠の保護は、当該意匠の<u>実施をしない</u>ことによっても、保護される意匠に係る<u>物品を輸入</u>することによっても、失われることはな·い(5条B)。

⇨<u>非同盟国</u>で製造された意匠に係る物品を<u>輸入</u>のみする場合でも、意匠の保護は失われない。この点、特許とは異なる。

(5)意匠について、<u>不実施等</u>による強制実施権を設定することができる。

学習日	月　日	月　日	月　日	月　日
正答数	／6	／6	／6	／6

出た過去問！
出る予想問！　目標 **4** 分で答えよう

☐ 特許権者は、実施がされず又は実施が十分でないことを理由として実施権の強制的設定がされた場合でも、第三者に実施権を許諾することができる。[H1-11]　　　☞(1)🈸〇

☐ 不実施又は不十分な実施を理由として強制的に設定された実施権は、排他的なものであってはならないものとし、また、企業又は営業の構成部分のうち当該実施権の行使にかかるものとともに移転する場合を除くほか、当該実施権に基づく実施権の許諾の形式によっても、移転することができない。[H28- 条約 7]　　　☞(2)🈸〇

☐ 各同盟国は、排他的権利の行使から生ずることのある弊害、例えば、実施されないことを防止するため、実施権の強制的設定について規定する立法措置をとることができるとされているが、この対象は特許に限られ、実用新案及び意匠は含まれない。[H14-23]　　　☞(3)(4)🈸✕

☐ 意匠の保護は、保護される意匠に係る物品を輸入することによっては、失われないが、これは、その物品を製造した国が同盟国である場合に限られる。[H14-23]　　　☞(4)🈸✕

☐ 意匠は、すべての同盟国において保護され、その保護は、当該意匠の実施をしないことによっては失われない。[S62-48]　　　☞(4)🈸〇

☐ 各同盟国は、意匠の実施が十分でないことを理由として、実施権の強制的設定について規定する立法措置をとることができる。[H5-48]　　　☞(5)🈸〇

必ず出る！基礎知識 目標 6 分で覚えよう

1 商標の不使用に対する措置

(1)登録商標について使用を義務付けている国は、<u>相当の猶予期間</u>が経過した場合に、商標の登録の効力を失わせることができる (5条C(1))。

⇨<u>登録主義・使用主義を問わない</u>。

⇨猶予期間は、<u>各国</u>で定める。わが国は、登録から<u>3</u>年。

⇨不作為 (不使用) の<u>正当性</u>を当事者が明らかにした場合、当該商標登録の効力を失わせることはできない (5条C(1))。

2 商標の変更使用

(2)商標の所有者が、<u>識別性</u>に影響を与えることなく、<u>構成部分</u>に変更を加えて使用する場合には、商標登録の効力は失われず、その保護は縮減されない (5条C(2))。

⇨<u>識別性</u>に影響を与えなければよく、<u>同一性</u>を損なわない範囲であることまでは求められていない。

⇨「商標の所有者」には、<u>使用権者</u>が含まれる。

3 商標の共有者の同時使用

(3)商標の共有者が、①<u>同一</u>の商標を、②<u>同一・類似</u>の商品に、③<u>同時</u>に使用した場合は、原則として、その登録商標が拒絶され、又は保護が縮減されることはない (5条C(3)第1文)。

⇨「商標の共有者」には、<u>使用権者は含まれない</u>。

⇨その登録商標が拒絶・保護縮減されないための条件は、使用の結果、<u>公衆を誤らせる</u>こととならず、かつ、その使用が<u>公共の利益</u>に反しないことである (5条C(3)第2文)。

◎ 出た過去問！出る予想問！ **目標 4 分で答えよう** ◎

3章

不実施・不使用に対する措置(3)／商標の変更使用・共有者同時使用

❏ 登録商標について使用を義務づけている同盟国においては、当事者がその不作為につきそれが正当であることを明らかにしない場合には、<u>いつでも</u>、当該商標の登録の効力を失わせることができる。[H23-21]　　　　　☞(1)答×

❏ 登録商標について使用を義務づけている同盟国において商標登録を取り消すことができるのは、<u>登録から3年以上不使用の場合に限られる</u>。[予想問]　　　　　☞(1)答×

❏ 商標権者が一の同盟国において登録された際の形態における商標の識別性に影響を与えることなく構成部分に変更を加えて、<u>かつ、同一性</u>を損なわない範囲で、その商標を使用する場合に限り、その商標に対して与えられる保護は、<u>縮減されない</u>。[予想問]　　　　　☞(2)答×

❏ 商標の所有者が一の同盟国において登録された際の形態における商標の識別性に影響を与えることなく構成部分に変更を加えてその商標を使用する場合には、その商標の登録の効力は失われない。[H5-48]　　　　　☞(2)答○

❏ 保護が要求される国の国内法令により商標の共有者と認められる2以上の工業上又は商業上の営業所が同一又は類似の商品について同一の商標を同時に使用しても、その使用の結果公衆を誤らせることとならず、かつ、その使用が公共の利益に反しなければ、いずれかの同盟国において、その商標の登録が拒絶され、又はその商標に対して与えられる保護が縮減されることはない。[H23-21]　　　　　☞(3)答○

登録の表示・料金／特許権の回復等

1 登録の表示

(1)権利の存在を認めさせるために、登録の表示を産品に付すことを要しない (5条D)。

⇨登録表示の有無により、差止請求の可否や刑事罰が科されるか否か等について差異を設ける定めをすることは、可能である。

2 工業所有権の存続のための料金納付の猶予期間

(2)工業所有権の存続のために定められる料金納付には、少なくとも 6 月間の猶予期間が認められる (5条の2(1))。

⇨権利発生のための料金には、この規定は適用されない。

⇨国内法令で定めている場合には、割増料金の納付を要件とすることができる (5条の2(1)第2文)。

3 特許の回復

(3)同盟国は、料金の不納によって効力を失った特許の回復について定めることができる (5条の2(2))。

⇨これは、特許のみを対象とする規定である。

⇨回復の規定を設けるか否かは、同盟国の裁量である。

4 意匠の保護

(4)意匠は、全ての同盟国で保護される (5条の5)。

⇨意匠の定義は何か、意匠法を制定して保護しなければならないのか、何年保護しなければならないか等については、何ら規定がない。従って、意匠をどのように保護するかは、各国の自由である。

学習日	月 日	月 日	月 日	月 日
正答数	／7	／7	／7	／7

◎ 出た過去問！ 出る予想問！ **目標 4 分で答えよう** ◎

❏ 権利の存在を認めさせるためには、特許の記号若しくは表示又は実用新案、商標若しくは意匠の登録の記号若しくは表示を産品に付さなければならない。[H1-33]　☞(1)答×

❏ 同盟国は、権利の存在を認めさせるためのみならず、権利行使、例えば、損害賠償の請求をするためにも、特許等の記号又は表示を産品に付することを要する旨を定めることはできない。[H14-23]　☞(1)答×

❏ 工業所有権の設定の登録のために定められる料金の納付については、少なくとも6箇月の猶予期間が認められる。ただし、国内法令が割増料金を納付すべきことを定めている場合には、それが納付されることを条件とする。[H7-29]

☞(2)答×

❏ 同盟国は、工業所有権の存続のために定められる料金の納付について、猶予期間を10月とすることができる。[H15-55]

☞(2)答○

❏ パリ条約では、料金不納によって効力を失った実用新案権の回復について規定されている。[予想問]　☞(3)答×

❏ 料金の不納によって効力を失った特許の回復について、各同盟国は国内法令で定めなければならない。[予想問]

☞(3)答×

❏ パリ条約の同盟国は、意匠について少なくとも10年間保護をしなければならない。[予想問]　☞(4)答×

1 周知商標の保護

(1)同盟国は、一の商標が他の自国の周知商標の複製・混同を生じさせやすい模倣・翻訳である場合、職権又は利害関係人の請求により、当該一の商標の登録を拒絶・無効とし、及びその使用を禁止する必要がある（6条の2(1)第1文）。

(2)一の商標の要部が周知商標の複製・模倣である場合も、拒絶・無効とし、使用が禁止される（6条の2(1)第2文）。

⇨商標の要部が翻訳（観念類似）の場合は適用がない。

(3)各同盟国は、サービスマーク（役務商標）について、周知商標の保護の規定（6条の2）を適用する義務を負わない。

2 商標登録の無効請求等の除斥期間

(4)利害関係人（周知商標の所有者）による登録を無効とする請求については、登録の日から少なくとも5年の期間を認めなければならない（6条の2(2)第1文）。

⇨「周知商標の登録から5年」ではなく、「周知商標を複製等した商標の登録の日から5年」であることに注意。

⇨悪意の場合は、期間を定めてはならない（6条の2(3)）。

(5)同盟国は、周知商標を複製等した商標の使用の禁止を請求することができる期間を定めることができる（6条の2(2)第2文）。

⇨無効請求の期間とは異なり、条約上、具体的な期間は規定されていない。

⇨悪意の場合は、期間を定めてはならない（6条の2(3)）。

○ 出た過去問！ 出る予想問！ **目標 4 分で答えよう** ○

3章

周知商標の保護

❑ 同盟国は、一の商標が、他の一の商標でこの条約の利益を受ける者の商標としてかつ同一若しくは類似の商品について使用されているものとしてその同盟国において広く認識されているとその権限のある当局が認めるものの複製である場合、その同盟国の法令が許すときは職権をもって、又は利害関係人の請求によって、当該一の商標の登録を拒絶し又は無効とし、及びその使用を禁止することを約束する。 [H30- 条約 8] ☞(1)答○

❑ 同盟国は、一の商標が、他の商標でこの条約の利益を受ける者の商標としてかつ同一若しくは類似の役務について使用されているものとしてその同盟国において広く認識されているとその権限のある当局が認めるものの複製である場合には、その同盟国の法令が許すときは職権をもって、その一の商標の登録を拒絶し又は無効とし、及びその使用を禁止することを約束する。 [H11-17] ☞(3)答×

❑ 各同盟国は、パリ条約第 6 条の 2 （周知商標の保護）に規定する商標の登録を無効とすることの請求について、その商標の登録の日から少なくとも 3 年の期間を認めなければならない旨規定されている。 [H21-22] ☞(4)答×

❑ 一の商標が、他の一の商標でこの条約の利益を受ける者の商標として、かつ、同一の商品について使用されているものとしてその同盟国において広く認識されているとその権限のある当局が認めるものの複製である場合、利害関係人が、そのような商標の使用の禁止を請求する期間は、パリ条約に規定されている。 [S63-25] ☞(5)答×

15 商標独立の原則／外国登録商標(1)

1 商標独立の原則

(1)いずれかの同盟国で正規に登録された商標は、他の同盟国の登録商標から独立したものとする(6条(3))。

⇨一方の同盟国で商標権が消滅した場合でも、これに従属して他方の同盟国で商標権が消滅することはない。

⇨特許と異なり、「絶対的な意味に」という文言(4条の2(2)参照)がない。

⇨非同盟国の商標から独立するか否かは、規定されていない。

2 外国登録商標における「本国」

(2)本国において登録された商標は、一定の要件の下、そのまま登録が認められ、保護される(6条の5A(1))。

⇨「本国」とは、①出願人の営業所がある同盟国、②それがない場合は出願人の住所がある同盟国、③それもない場合は出願人の国籍がある国をいう(6条の5A(2))。

(3)本国登録前でも、外国登録商標の出願は可能であり、その登録までに本国登録がされていればよい(6条の5F参照)。

3 外国登録商標の「そのまま」

(4)外国登録商標は、商標形態に限っての特則であり、「そのまま」の商標形態であっても、その他の要件(識別力等)が課されて登録を受けられない場合がある(6条の5B参照)。

4 外国登録商標の形態の変更

(5)外国登録商標が本国登録商標の構成部分に変更を加えたものである場合には、①識別性に影響を与えず、かつ、②同一性を損なわなければ、その変更を唯一の理由として登録を拒絶されることはない(6条の5C(2))。

◉ 出た過去問！ 出る予想問！ 目標 **4** 分で答えよう ◉

❑ 同盟国の国民がいずれかの同盟国において登録出願をした商標については本国において登録出願、登録又は存続期間の更新がされていないことを理由として登録が拒絶され又は無効とされる場合がある。[H11-17]　　　　☞(1)醤×

❑ 本国とは、出願人が同盟国に現実かつ真正の工業上又は商業上の営業所を有する場合にはその同盟国を、出願人が同盟国にそのような営業所を有しない場合にはその住所がある同盟国を、出願人が同盟国の国民であって同盟国に住所を有しない場合にはその国籍がある国をいう。[H28-条約8]　　　　☞(2)醤○

❑ 本国において正規に登録された商標について、他の同盟国がそのまま登録することを義務づけられるのは、当該他の同盟国における登録出願が本国における登録後になされる場合に限られる。[H15-11]　　　　☞(3)醤×

❑ 本国において正規に登録された商標は、他の同盟国においては、常にそのままその登録を認められかつ保護される。[R1-条約7]　　　　☞(4)醤×

❑ 本国において保護されている商標の構成部分に変更を加えた商標は、その変更が、本国において登録された際の形態における商標の識別性に影響を与えなければ、他の同盟国において、いかなる場合においても、登録を拒絶されることはない。[R1-条約7]　　　　☞(5)醤×

必ず出る！
基礎知識　**目標 6 分で覚えよう**

1 本国登録が消滅した場合の外国登録商標

(1)本国登録が<u>更新等</u>をしないことで<u>消滅</u>した場合は、外国
登録商標の利益は、享受で<u>きない</u>(6条の 5D 参照)。

⇨普通の商標として<u>内国民待遇</u>(2条)を受けるにとどまり、
外国登録商標の利益を享受することで登録になっていた
場合には、<u>取消し</u>あるいは無効になる可能性が高い。

2 本国登録の更新と外国登録商標

(2)本国で商標登録が更新された場合でも、外国登録商標の
登録の更新の義務は、<u>生じない</u>(6条の 5E)。

3 商標の譲渡の要件

(3)商標の譲渡が企業又は営業の移転と同時に行われるとき
にのみ有効とされている同盟国では、<u>その国</u>における<u>排
他的権利</u>と、その国に存在する企業・営業の<u>構成部分</u>を
譲受人に移転すれば足りる(6条の 4(1))。

⇨<u>他国に存在</u>するものを含めた移転を条件とすることはで
きない。

4 商標権の譲渡ができない場合

(4)上記(3)の要件を充足する場合であっても、譲受人の使用
が商品の<u>原産地</u>・<u>性質</u>等について事実上<u>公衆を誤らせる</u>
こととなるときは、譲渡を認める義務は<u>ない</u>(6条の 4(2))。

5 サービスマークの保護

(5)同盟国は、サービスマークを保護しなければならないが、
<u>登録制度を設ける必要はない</u>(6条の 6)。

出た過去問！
出る予想問！　目標 **4** 分で答えよう

❏ パリ条約6条の5（外国登録商標）に規定する本国において正規に登録された商標と他の同盟国においてそのまま登録を認められた商標について、本国における商標に係る商標権がその存続期間が満了し、かつ更新されることがないことによって消滅したときには、他の同盟国における当該登録は取り消されることがある。[S62-30]　　☞(1)答〇

❏ 本国において正規に登録された商標が更新された場合、その商標が登録された他の同盟国における登録も<u>更新しなければならない</u>。[R1- 条約7]　　☞(2)答✕

❏ 同盟国は、商標の譲渡が有効と認められるための条件として、いかなる場合にも、その商標が属する企業又は営業の構成部分であって当該同盟国以外の国に存在するものの譲受人に対する移転までも要求することはできない。[H15-52]　　☞(3)答〇

❏ ある同盟国において、その国内法令が商標の譲渡はその商標が属する企業又は営業の移転と同時に行われるときにのみ有効とされている場合、当該同盟国に存在する企業又は営業の構成部分が、譲渡された商標を付した商品を当該同盟国において製造し又は販売する排他的権利とともに、譲受人に移転されたときは、当該同盟国は、<u>いかなる場合にも</u>、<u>その商標の譲渡を有効と認めなければならない</u>。[H24-52]　　☞(4)答✕

❏ 同盟国はサービスマークの保護に関し、登録制度を設ける必要はない。[予想問]　　☞(5)答〇

1 代理人等が本国商標権者の許諾を得ずに登録

(1)商標に係る権利を有する者（本国商標権者）の代理人等が、その許諾を得ずに自己の名義で登録の出願をした場合、本国商標権者は、登録異議の申立てをし、又は登録を無効とすることを請求できる（6条の7(1)）。

⇨「代理人等」は広く解され、特約店等も含まれるが、顧客までは含まれない。

(2)代理人等が本国商標権者の許諾を得ずに登録の出願をした場合、国内法令が認めるときは、本国商標権者は、登録を自己に移転することを請求することができる。

⇨代理人等が、①許諾を得て出願した場合、又は、②許諾を得ないことについて正当な理由を明らかにした場合には、登録異議の申立てや移転請求等をすることはできない（6条の7(1)但書）。

2 代理人等が本国商標権者の許諾を得ずに使用

(3)代理人等が許諾を得ずに商標を使用している場合、本国商標権者は、その使用を阻止できる（6条の7(2)）。

⇨正当な理由を明らかにした場合、使用は禁止されない。

3 登録無効請求・使用禁止請求の期間

(4)代理人等が本国商標権者の許諾を得ずに登録・使用している場合の登録無効請求・使用禁止請求の期間は、各国内法令で定めることができる（6条の7(3)）。

⇨期間を定めなくてもよい。

学習日	月 日	月 日	月 日	月 日
正答数	／4	／4	／4	／4

出た過去問！ 出る予想問！ 目標 **4** 分で答えよう

❑ パリ条約6条の7にいう代理人又は代表者は広く解され、特約店は含まれるが、顧客は含まれない。[予想問]

☞(1)答〇

❑ 同盟国において商標に係る権利を有する者の代理人が、その商標に係る権利を有する者の許諾を得ないで、一の同盟国においてその商標について自己の名義による登録の出願をした場合には、その商標に係る権利を有する者は、その国の法令が認めるときは、常に、登録を自己に移転することを請求することができる。[H6-44]　☞(2)答✕

❑ 商標に係る権利を有する者は、その代理人又は代表者が、その者の許諾を得ないで、1又は2以上の同盟国においてその商標について自己の名義による登録の出願をした場合、その代理人又は代表者が、その行為につきそれが正当であることを明らかにしたときは、商標を使用することを阻止する権利を有しない。[R1-条約7]　☞(3)答〇

❑ ある同盟国Xにおいて商標に係る権利を有する甲の承諾を得ないで、甲の代理人乙が、他の同盟国Yにおいて、その商標について乙の名義による登録の出願をして登録を受けた場合、甲にその商標登録の無効請求又は使用を阻止する権利が認められるのは、同盟国Yの国内法令で定めていないときでも、相当の期間に限られる。[H24-52]　☞(4)答✕

商品の性質の無制約／
団体商標の保護

1 商品の性質の無制約 (7条)

(1)使用される商品がいかなるものであっても、商品の性質
は、商標登録の妨げとはならない。

⇨商品の取引が法で禁止されているものや、専売品等であ
っても、商標登録の妨げとなってはならない。

⇨更新の場合には、商品の性質を考慮できる。

⇨商品の性質によって、存続期間の短縮等の差異を設ける
ことは妨げない。

2 団体商標の保護 (7条の2)

(2)同盟国は、その存在が本国の法令に反しない団体の団体
商標について、原則として、登録を認め、かつ保護をし
なければならない。

⇨その存在が本国の法令に反している場合には、登録を認
める必要はない。

(3)各同盟国は、団体商標の保護に関し、特別な条件を定め
ることができる。

(4)各同盟国は、公共の利益に反する団体商標の保護を拒絶
することができる。

(5)団体商標は、どの同盟国にも営業所がなくても、保護さ
れる。

(6)団体商標は、保護が要求される同盟国において当該団体
が設立されていなくても、保護される。

(7)団体商標は、保護を求める団体が、保護が要求される同
盟国の法令に適合して構成されていなくても、保護され
る。

○ 出た過去問！ 出る予想問！ **目標 4 分で答えよう** ○

☐ いかなる場合にも、商品の性質は、その商品について使用される商標が登録されることについて妨げとはならない。[H22-29]　　☞(1)答○

☐ いかなる同盟国も登録商標に係る商品がその同盟国において専売品や禁制品であることをもって、その商標の登録の更新の妨げとしてはならない。[H21-56]　　☞(1)答×

☐ いずれの同盟国においてもある物が医薬品として承認されないためにその販売が許可されないことは、その同盟国においてその医薬品について使用される商標の登録の更新がされることについて妨げとはならない。[H1-8]　　☞(1)答×

☐ 団体商標は、当該団体が保護が要求される同盟国の国内法令に適合して構成されている場合には、本国の法令に適合して構成されていない場合でもその保護が拒絶されることはない旨規定されている。[S62-30]　　☞(2)答×

☐ 各同盟国はその存在が本国の法令に反しない団体に属する団体商標の登録を認めかつ保護する義務がある。ただし、各同盟国は、公共の利益に反する団体商標についてその保護を拒絶することができる。[H22-29]　　☞(4)答○

☐ 各同盟国は、その存在が本国の法令に反しない団体に属する団体商標の保護について、国内法令で特別の条件を定めることができるが、保護が要求される当該同盟国において当該団体が設立されていないこと又は保護が要求される当該同盟国の法令に当該団体が適合して構成されていないことを理由として、その保護を拒絶することはできない。[H22-29]　　☞(6)(7)答○

1 商号と商標との関係 (8条)

(1)商号は、商標の一部であるか否かを問わず、保護される。

▷商号を含む商標権が放棄された場合でも、商号自体の保護は、影響を受けない。

2 商号と登記 (8条)

(2)商号の保護のために、登記は不要である。

▷商号に登記制度がある同盟国であっても、未登記商号を保護する義務がある。

▷登記の有無により、保護の内容に差異を設けることは可能である。

3 商標・商号の不法付着の取締り (9条(1)・(5)・(6))

(3)商標・商号の不法付着は、輸入の際に差し押えられる。

▷国内法令が輸入の際の差押えを認めていない場合、輸入禁止・国内差押えを行う。これらも認めていない場合には、内国民待遇によればよい。

▷輸入の際の差押え・輸入禁止・国内差押えのいずれかを認めることを義務付けられているわけではない。

4 差押機関 (9条(3))

(4)輸入の際の差押えは、検察官等の当局又は利害関係人の請求により、各国内法令に従って行われる。

▷どの機関が差押えを行うかは、各国内法令による。

5 差押えをしなくともよい場合 (9条(4))

(5)国内を通過するに過ぎない場合は、差押えをしなくてもよい。

学習日	月　日	月　日	月　日	月　日
正答数	／6	／6	／6	／6

出た過去問！
出る予想問！ 目標 **4** 分で答えよう

❑ いずれの同盟国においても当該同盟国において他の同盟国の国民の商号を含む商標に係る権利が放棄された場合、その商号の保護は影響を受けない。[H4-50]　　☞(1)答○

❑ ある同盟国は、その国内法令で登記が行われていることを条件として自国の国民の商号を保護することを定めている場合、他の同盟国の国民の商号の保護のために登記が行われていることを条件とすることはできない。[H2-22]　☞(2)答○

❑ 商号の登記が行われているか否かによって商号の保護の程度に差を設ける国内法令を有する同盟国において、他の同盟国の国民の商号が登記が行われている内国民の商号と同一の保護を受けるためには、当該他の同盟国の国民の商号は、当該同盟国において登記がされていることを要しない。[H6-8]　　　　　　　　　　　　　　　☞(2)答×

❑ 各同盟国は、不法に商標又は商号を付した産品について、国内法令が、輸入の際における差押え、輸入禁止及び国内における差押えのいずれかを認めることを、義務づけられている。[H22-29]　　　　　　　　　　　　☞(3)答×

❑ 不法に商標を付した産品は、その商標について法律上の保護を受ける権利が認められているいずれの同盟国においても、輸入される際に、税関が差押えを行わなければならない。[H11-17]　　　　　　　　　　☞(3)(4)答×

❑ 不法に商標又は商号を付した産品が、その商標又は商号について法律上の保護を受ける権利が認められている同盟国を通過する際、当該同盟国の当局は、当該産品の差押えを行うことを要しない。[H22-29]　　　　　☞(5)答○

1　原産地等の虚偽表示の取締り

(1)原産地等の直接又は間接の虚偽表示については、商標等
の不法付着の規定(9条)が適用される(10条(1))。

⇨輸入の際の差押え・輸入禁止・国内差押えの対象となる
が、同盟国はその義務は負わない。

⇨通過の際には、差押えをしなくてよい(9条(4)参照)。

(2)原産地等の虚偽表示の取締りは、当局による職権、利害
関係人の請求によりなされる(10条(1)、9条(3)参照)。

⇨「利害関係人」として認められるのは、①産品の製造等
に従事する者であって、②原産地・原産国として偽って
表示されている土地・国等に住所を有するもの、又は原
産地の虚偽の表示が行われている国に住所を有するもの
である(10条(2))。

2　不正競争の防止(10条の2)

(3)各同盟国は、同盟国の国民を不正競争から有効に保護する。

⇨条約に特に禁止が明記されているのは、①混同惹起行為、
②競業者への虚偽の誹謗行為、③産品の性質・製造方法
等を公衆に誤らせる行為である。

⇨これら以外の不正競争を規定するか否かは、各国の自由。

3　博覧会出品の仮保護(1)

(4)同盟国の領域内で開催された所定の博覧会に出品された
産品等に関しては、仮保護が与えられる(11条(1))。

⇨非同盟国で開催された博覧会に出品された産品に対して、
仮保護を与える義務はない。

3章

原産地等の虚偽表示・不正競争の防止／博覧会出品の仮保護(1)

出た過去問！出る予想問！ 目標 **4** 分で答えよう

❏ 当局は、産品の原産地又は生産者、製造者若しくは販売人に関し直接又は間接に虚偽の表示が行われている場合、通過の際にも、差押えを行わなければならない。[H21-17]

☞(1)答×

❏ ぶどう酒の原産地に関し虚偽の表示が行われている場合、保護が要求される同盟国Aの国内法令が原産地に関し虚偽の表示が行われている産品の輸入の際の差押えを規定しているときは、その虚偽の表示が行われているぶどう酒は、ぶどう酒の販売に従事する販売人であって同盟国Bの原産地として偽って表示されている土地に住所を有するものの請求によっても、同盟国Aに輸入される際に差し押えられる。[H2-22]

☞(1)(2)答○

❏ 産品の性質、製造方法、特徴、用途又は数量について公衆を誤らせるような取引上の表示及び主張は、不正競争行為であり、禁止される。[H2-22]

☞(3)答○

❏ 産品の性質、製造方法、特徴、用途又は数量について公衆を誤らせるような取引上の表示及び主張は、不正競争行為であり、禁止されるが、各同盟国は、これ以外の行為を不正競争行為と規定することができる。[予想問]

☞(3)答○

❏ 同盟国は、同盟に属しない国の領域内で開催される公の又は公に認められた国際博覧会に出品される産品に関し、特許を受けることができる発明に仮保護を与える義務を負わない。[H17-52]

☞(4)答○

◉ 必ず出る！基礎知識 **目標 6 分で覚えよう** ◉

1 博覧会出品の仮保護(2)

(1)博覧会出品物に対しての仮保護は、<u>自国</u>の博覧会だけでなく、<u>他の同盟国</u>の博覧会に出品した場合にも、与えなければならない (11 条(1)参照)。

⇨自国の博覧会に出品した場合のみ仮保護を与えるとすることはできない。

(2)仮保護は、博覧会の<u>出品物</u>に与えられる (11 条(1))。

⇨博覧会の会場設備としてのみ使用される<u>装置</u>等は、対象とならない。

2 仮保護の対象

(3)仮保護の対象は、<u>特許・実用新案・意匠・商標</u>である (11 条(1))。

⇨<u>サービスマーク</u>や<u>商号</u>等に仮保護を与えるか否かは、各同盟国の<u>自由</u>である。

3 仮保護の内容

(4)仮保護の内容は、<u>国内法令</u>で定める (11 条(1))。

⇨出願日の遡及や、優先権、新規性喪失の例外でもよい。

(5)仮保護の内容を優先権と同様とする場合には、<u>産品搬入日</u>から優先期間が開始するものとすることが<u>できる</u> (11 条(2)第 2 文)。

⇨搬入日からの優先期間の開始は、あくまでも<u>裁量</u>規定であり、義務付けではない。この場合には、優先期間が<u>第一国出願</u>より前から開始される。但し、優先期間を<u>延長</u>するものではない (11 条(2))。

◎ 出た過去問！ 出る予想問！ **目標 4 分で答えよう** ◎

3章

博覧会出品の仮保護(2)

❏ パリ条約の同盟国は、国際博覧会に出品される装置に関する発明について仮保護を与える旨の国内法令を定めることについては、その博覧会が自国の領域内において開催される場合に限るとすることができる。[S57-45] ☞(1)答×

❏ パリ条約の同盟国は、いずれかの同盟国において開催される国際博覧会に出品される装置等に関する発明のみならず、その博覧会会場の機械設備としてのみ使用される装置に関する発明に対しても、各同盟国の国内法令に従って、仮保護を与えなければならない。[S57-45] ☞(2)答×

❏ 同盟国は、いずれかの同盟国の領域内で開催される公の又は公に認められた国際博覧会に出展される役務に関し、サービスマークに仮保護を与える義務を負わない。[H17-52] ☞(3)答○

❏ 同盟国が、いずれかの同盟国の領域内で開催される公の又は公に認められた国際博覧会に出品される産品に関し、意匠に与えるべき仮保護の方法は、意匠の新規性の喪失の例外を認めることに限られない。[H17-52] ☞(4)答○

❏ いずれかの同盟国の領域内で開催される公の又は公に認められた国際博覧会に出品される産品に関し、商標に与える仮保護として、後に優先権が主張される場合には、各同盟国の主管庁は、その産品を博覧会に搬入した日から優先期間が開始するものとしなければならない。[H17-52] ☞(5)答×

必ず出る！基礎知識 目標 6 分で覚えよう

1 博覧会出品の仮保護の手続

(1)各同盟国は、仮保護を認めるために、産品が展示された事実及び搬入日付を証明するために必要と認める証拠書類の提出を要求することができる(11条(3))。

⇨博覧会開催の事実を示す証拠書類ではない。

2 中央資料館の設置・工業所有権に関する特別の部局(12条)

(2)各同盟国は、工業所有権に関する特別の部局と、特許・実用新案・意匠・商標を公衆に知らせるための中央資料館を設置することを約束する。

⇨1か国に1つではなく、数か国に共通の官庁でもよい。

(3)特別の部局は、定期的な公報を発行する。

⇨特許権者の氏名等及び登録された商標の複製を公示する。

⇨発明者の氏名は、公示する必要がない。

⇨公報発行義務があるのは、特許と商標のみである。

3 執行委員会

(4)執行委員会は、13条から17条までの規定に拘束される同盟国で構成する総会の構成国の中から総会によって選出された国、及び、その領域内に世界知的所有権機関の本部が所在する国(スイス)で構成される(14条(2)(a))。

4 条約の修正・改正

(5)13条から17条までの規定の修正は、総会が審議し、特別の多数決により採択する(17条(2)、13条(2)(a)(x))。

⇨下記(6)と異なり、改正会議に付されず、全会一致でもない。

(6)条約の改正は、改正会議に付され、全会一致でなければ改正をすることはできない(18条参照)。

学習日	月 日	月 日	月 日	月 日
正答数	／6	／6	／6	／6

出た過去問！
出る予想問！ 目標 **4** 分で答えよう

❏ パリ条約の同盟国において開催される国際博覧会に出品される装置に関する発明に仮保護を与えるに際し、各同盟国が出願人に要求することができる書類は当該博覧会の開催の事実及び当該装置が当該博覧会に搬入された日付を証明する証拠書類に限られる。[S57-45]　　　　　　☞(1)答×

❏ 如何なる同盟国も、各同盟国ごとに独自に工業所有権に関する特別の部局を設置しなければならない。[H6-8]
☞(2)答×

❏ 各同盟国は、工業所有権に関する特別の部局並びに特許、実用新案、意匠及び商標を公衆に知らせるための中央資料館を設置することを約束するが、その部局は、実用新案権者の氏名及びその実用新案の簡単な表示を定期的に公示することを要しない。[H10-38]　　　　　　☞(3)答○

❏ 各同盟国の工業所有権に関する特別の部局は、定期的な公報を発行することにより、発明者の氏名及びその発明の簡な表示を規則的に公示する。[H1-33]　　　　　☞(3)答×

❏ 執行委員会は、この条約第13条から第17条までの規定に拘束される同盟国で構成する総会の構成国の中から総会によって選出された国のみで構成する。[H10-38]　　☞(4)答×

❏ パリ条約の改正は、総会が採択し、常に採択に投じられた票の4分の3以上の多数による議決を必要とする。[H8-18]
☞(6)答×

1 同盟国によるこの改正条約の批准・加入

(1)既にパリ条約の同盟国である国は、ストックホルム改正
条約に、実体規定(1条〜12条)又は管理規定(13条〜17条)
の適用を留保して加入等できる(20条(1)(b))。

(2)新規加入国は、実体規定・管理規程の適用を留保して加
入することはできない(21条(1)参照)。

(3)新規加入国は、事務局長に対し加入書を寄託した後、事
務局長がその加入を通告した日から3月で、同盟国とな
ることができる(21条(3))。

⇨それよりも遅い日が加入書に指定されている場合は、そ
の指定日に同盟国となる(21条(3)但書)。

2 従前の改正条約への加入の禁止

(4)いずれの国も、従前の改正条約には加入できない(23条)。

⇨同盟国・非同盟国いずれも、最新の改正条約であるスト
ックホルム改正条約に加入するしかない。

3 条約の廃棄

(5)廃棄は、従前の全ての改正条約の廃棄を伴う(26条(2))。

(6)パリ条約の同盟国となった日から5年の期間が満了しな
ければ、廃棄することはできない(26条(4))。

4 改正条約相互間の関係

(7)パリ条約は、同盟国間で加盟している最新の改正条約を
相互に適応しあえばよい(27条参照)。

⇨新たに加入した同盟国は、いかなる他の同盟国民に対し
ても、最新の改正条約であるストックホルム改正条約を
適用しなければならない。

学習日	月　日	月　日	月　日	月　日
正答数	／6	／6	／6	／6

出た過去問！
出る予想問！　目標 **4** 分で答えよう

❑ パリ同盟に属しないいずれの国も、その加入書において、加入の効果が、パリ条約のストックホルム改正条約第1条から第12条までの規定、又は第13条から第17条までの規定に及ばないことを宣言することができる。[H1-15]

☞(2)答×

❑ 新規加入国は、事務局長に加入書を寄託後、3月以降に効力を発生する場合がある。[H4-50]　　　☞(3)答〇

❑ 同盟に属しない国が新たにパリ条約に加入しようとする場合、いずれかの改正条約をも選択することができる。[S61-5]　　　☞(4)答×

❑ リスボン改正条約及びストックホルム改正条約に加入している同盟国がストックホルム改正条約を廃棄したときは、リスボン改正条約が適用される。[H7-29]　　　☞(5)答×

❑ いずれの国も、同盟の構成国となった日から3年の期間が満了した後であれば、事務局長にあてた通告により、この条約を廃棄する権利を行使することができる。[H8-18]

☞(6)答×

❑ 現在、同盟に属しない国で新たにこの条約の締約国となる国は、加入書において加入の効果がこの条約第1条から第12条までの規定には及ばないことを宣言している同盟国との関係において、この条約を適用しないとすることができる。[H16-32]　　　☞(7)答×

1 条約の解釈・適用に関する紛争解決 (28条(1)・(2))

(1)パリ条約の解釈又は適用に関する二以上の同盟国の間の紛争で、交渉によって解決されない場合は、いずれか一の紛争当事国が、国際司法裁判所規程に合致した請求を行うことにより、国際司法裁判所に付託することで、紛争解決を図ることができる。

⇨紛争当事国が他の解決方法について合意する場合は、除かれる。

⇨付託するか否かは、紛争当事国の裁量である。

(2)紛争を国際司法裁判所に付託する国は、その旨を国際事務局に通報するものとし、国際事務局は、それを他の同盟国に通報する。

(3)署名又は批准書・加入書を寄託する際に28条(1)の規定に拘束されない旨を宣言している同盟国に対しては、28条(1)の規定が適用されない (28条(2))。

2 本　書 (29条(1)(a))

(4)この改正条約は、フランス語による本書1通について署名するものとし、スウェーデン政府に寄託する。

3 公定訳文 (29条(1)(b))

(5)事務局長は、関係政府と協議の上、ドイツ語・英語・スペイン語・イタリア語・ポルトガル語・ロシア語及び総会が指定する他の言語による公定訳文を作成する。

4 疑義が生じた場合 (29条(1)(c))

(6)これらの条約文の解釈に相違がある場合には、フランス文による。

❏ パリ条約の解釈又は適用に関する二以上の同盟国の間の紛争で、交渉によって解決されず、紛争当事国が他の解決方法についても合意がない場合には、すべて、その紛争を国際司法裁判所に付託しなければならない。[S61-5] ☞(1)答×

❏ パリ条約の解釈又は適用に関する二以上の同盟国の間の紛争で交渉によって解決されないものを、国際司法裁判所規程に合致した請求を行うことにより国際司法裁判所に付託する場合、紛争を国際司法裁判所に付託する国は、その旨を事務局長に通報するものとし、事務局長は、それを他の同盟国に通報する。[H9-40] ☞(2)答×

❏ パリ条約の解釈又は適用に関する二以上の同盟国の間の紛争で交渉によって解決されないものは、いずれか一の紛争当事国が国際司法裁判所に付託することができる旨の規定はすべての同盟国について適用される。[S54-37] ☞(3)答×

❏ この条約は、ひとしく正文であるフランス語及び英語による本書一通について署名されている。[H1-33] ☞(4)答×

❏ 事務局長は、関係政府と協議の上、ドイツ語、英語、スペイン語、イタリア語、中国語、ロシア語及び総会が指定する他の言語による公定訳文を作成する。[予想問] ☞(5)答×

❏ これらの条約文の解釈に相違がある場合には、英語文による。[予想問] ☞(6)答×

3章 紛争解決その他

第4章

特許協力条約

① 定 義 等

1 特許協力条約の目的

(1)特許協力条約 (PCT) は、発明の保護のための条約である (1条(1)参照)。

⇨意匠・商標の保護のための条約ではない。

(2)特許協力条約に基づく国際出願をすることにより、指定された全ての締約国において、国際出願日に正規の国内出願をしたものとみなされ (11条(3))、先行技術調査 (国際調査) 等がなされる。

⇨特許の付与は、締約国ごとに行われる。

2 国際出願日・優先日

(3)国際出願日とは、原則として、受理官庁が国際出願を受理した日をいう (11条(1))。

⇨到達主義である。発信主義ではない。

(4)国際出願が優先権主張を伴っている場合には、基礎出願の出願日が優先日となる (2条(xi)(a))。

⇨複数の優先権主張を伴う場合には、最先の基礎出願の出願日が優先日となる (2条(xi)(b))。

⇨優先権主張を伴わない場合には、国際出願日が優先日となる (2条(xi)(c))。「優先日」という表現は変わらない。

(5)優先日は、優先権主張の取下げ・追加等により変動する。

3 特許の種類

(6)特許協力条約において「出願」「特許」という場合は、通常の特許・発明者証・実用証・実用新案・追加特許・追加発明者証・追加実用証の7つを指す (2条(i)、(ii))。

⇨追加実用新案は、含まれない。

学習日	月 日	月 日	月 日	月 日
正答数	／7	／7	／7	／7

◉ 出た過去問！ 出る予想問！ 目標 **4** 分で答えよう ◉

❑ 特許、実用新案及び意匠のための出願は、いずれも特許協力条約に基づく国際出願とすることができる。[S56-2 改]
☞(1)答×

❑ 国際出願日は、原則として、出願人が受理官庁に対して国際出願の出願書類を発信した日である。[予想問] ☞(3)答×

❑ 受理官庁は、国際出願日を与える所定の要件が受理の時に満たされていることを確認することを条件として、国際出願の受理の日を国際出願日として認める。[H17-35]
☞(3)答○

❑ 国際出願が2以上の優先権の主張を伴う場合には、それらの優先権の主張の基礎となる出願のうち最先のものの出願日が、国際出願日となる。[H19-23] ☞(4)答×

❑ 条約においては期間の計算上、優先権の主張を伴わない国際出願の国際出願日を「優先日」ということはない。[S58-21] ☞(4)答×

❑ 優先日は、優先権主張の取下げ等により変動するものである。[予想問] ☞(5)答○

❑ 特許協力条約第2条（定義）によれば、明示的に別段の定めがある場合を除くほか、「特許」というときは、特許、実用新案、発明者証、実用証、追加特許、追加実用新案、追加発明者証及び追加実用証をいうものとする。[H24-13]
☞(6)答×

4章

定

義

等

1 国際出願人適格

(1)国際出願の出願人適格を有するのは、締約国の居住者及び国民である（9条(1)）。

⇨居住者であれば、国籍がなくても、国際出願をすることができる。

(2)締約国に現実かつ真正の工業上・商業上の営業所がある場合は、当該締約国に住所があるものと擬制される（規則18.1(b)(i)）。

(3)締約国の国内法令により設立された法人は、当該締約国の国民と擬制される（規則18.1(b)(ii)）。

2 共有関係

(4)共同で国際出願をするためには、1人でも締約国の居住者又は国民であれば足りる（規則18.3）。

3 指定国ごとに出願人が変わる場合

(5)指定国ごとに異なった出願人とすることができる（規則4.5(d)）。

⇨国内要件として、発明者でなければ出願人として認めないことは許容されている（27条(3)）。こうした国に出願する場合、発明者と異なる者を出願人とすることはできない。

4 総会で認められる場合の出願人適格の例外

(6)PCTの非締約国で、パリ条約の締約国の居住者及び国民は、総会の決定により、国際出願ができる（9条(2)）。

⇨総会の決定には、3分の2以上の多数決が必要（53条(6)）。

学習日	月　日	月　日	月　日	月　日
正答数	／6	／6	／6	／6

出た過去問！
出る予想問！　目標 **4** 分で答えよう

☐ 締約国の居住者は、国際出願をすることができる。[予想問]
☞(1)答○

☐ 締約国に現実かつ真正の工業上又は商業上の営業所を有していても、当該締約国に住所を有することとはならない場合がある。[H9-14]
☞(2)答×

☐ 締約国の国内法令に従って設立された法人は、当該締約国の国民とみなす。[R1-条約2]
☞(3)答○

☐ 受理官庁に国際出願をする資格を有する出願人甲と住所又は国籍上の理由によりその受理官庁に国際出願をする資格を欠く出願人乙とが共同して出願した国際出願が、受理官庁に国際出願をする資格に関する要件以外の、国際出願日を認定するための要件を満たしている場合、その受理官庁は、その国際出願の受理の日を国際出願日として認める。[H15-17]
☞(4)答○

☐ 2人以上の出願人があり、出願人のうちの少なくとも1人が特許協力条約の規定に基づき国際出願をする資格を有するときは、国際出願をすることができる。この場合、指定国における国際出願の効果は、その指定国につき出願人として表示されている者がその指定国の国内法令に基づき国内出願をする資格を有する者であるかどうかによって影響されることはない。[H18-24]
☞(4)(5)答×

☐ 総会は、特許協力条約の締約国ではない国の国民に国際出願をすることを認める場合がある。[S56-2改]
☞(6)答○

3 国際出願(2)：受理官庁・手数料

1 受理官庁

(1)国際出願は、受理官庁にしなければならない(10条)。

⇨受理官庁となるのは、①居住国の国内官庁、②国籍国の国内官庁、③国際事務局である(2条(xv)、規則19.1(a))。

(2)管轄外の国内官庁に出願をした場合、当該国内官庁が受理官庁としての国際事務局に代わって受理したものとみなされ、出願が国際事務局に送付される(規則19.4)。

⇨この場合、国内官庁が国際出願を受理した日が、受理官庁の受理日とみなされる(規則19.4(c))。

2 出願の言語

(3)出願の言語は、受理官庁が認める言語でなければならない(規則12.1(a)(b))。

(4)願書は、受理官庁が認める国際公開の言語でなければならない(規則12.1(c))。

3 所定の手数料

(5)所定の手数料は、受理官庁に支払う。

(6)所定の手数料には、①国際調査機関のための調査手数料、②国際事務局のための国際出願手数料、③受理官庁のための送付手数料がある(規則27.1(a))。

(7)所定の手数料は、国際出願が受理された日から1月以内に支払わなければならない(規則15.3等)。

(8)所定の手数料が所定の期間内に支払われない場合、受理官庁は出願人に対し、1月以内に支払うよう求める。

⇨これに応じないときは、国際出願は取り下げられたものとみなされる(14条(3))。

○ 出た過去問！ 出る予想問！ 目標 **4** 分で答えよう ○

❏ 締約国の国民ではなく締約国の居住者である出願人は、当該締約国が特定の締約国である場合に限り、受理官庁としての国際事務局に出願することができる。[H22-24] ☞(1)答×

❏ 出願人が国際出願の受理を管轄しない国内官庁に国際出願をした場合には、当該国内官庁は、その国際出願を、その国際出願を管轄する国内官庁に送付する。[H28-約約1] ☞(2)答×

❏ 国際出願は、受理官庁が国際出願のために認める言語で行うので、国際出願の言語は受理官庁ごとに定められることになる。このため、願書、明細書及び請求の範囲のいずれについても国際公開の言語でない言語で提出しても認められる場合がある。[H20-5] ☞(3)(4)答×

❏ 各国際出願については、国際事務局のための手数料（「国際出願手数料」）を支払わなければならない。国際出願手数料は受理官庁が徴収する。[R1-約約2] ☞(5)答○

❏ 国際出願についての手数料のうちで、受理官庁の資格において国際出願に関して行うべき任務の遂行に係る手数料は、国際出願手数料である。[H21-10] ☞(6)答×

❏ 国際出願手数料は国際出願と同時に受理官庁に支払わなければならない。[H30-約約2] ☞(7)答×

❏ 送付手数料、国際出願手数料及び調査手数料が、国際出願の受理の日から1月以内に支払われていない場合には、受理官庁はこれらの手数料を賄うために必要な額をその求めの日から1月以内に支払うよう出願人に求める。[H18-14改]
☞(8)答○

1 出願書面

(1)出願書類は、願書・明細書・請求の範囲・必要な図面・要約である（3条(2)）。

⇨請求の範囲と明細書は、別の書面である。

2 願書の記載事項

(2)願書には、申立て、出願人・発明者・代理人、発明の名称を記載する（4条(1)）。願書の提出は全指定を構成するため、指定国の指定は不要である（規則4.9(a)(i)）。

⇨指定国が特許以外の制度（例実用新案）も有している場合には、全ての種類の保護を求めるものとみなされ（規則4.9(a)(ii)）、国内移行（22条）の際に、種類を決める（規則49の2.1）。

(3)共同出願の場合、願書に記載すべき出願人の氏名は、全員のものを記載しなければならない（規則4.5(a)）。

⇨出願人のあて名や署名は、1人で足りる（規則26.2の2）。

(4)出願人は、国際調査機関に対し、国際調査を行うに当たり、同一若しくは他の国際調査機関又は国内官庁によって行われた先の国際調査（15条）、国際型調査（15条(5)）又は国内調査の結果を考慮することを希望することができる（規則4.12）。

3 明細書・請求の範囲の記載

(5)明細書は、明確かつ十分に記載しなければならない（5条、規則5）。

(6)請求の範囲は、明確かつ簡潔に記載しなければならず、明細書により、十分な裏付けがされていなければならない（6条、規則6）。

学習日	月　日	月　日	月　日	月　日
正答数	／5	／5	／5	／5

出た過去問！
出る予想問！ 目標 **4** 分で答えよう

□ 国際出願における<u>請求の範囲</u>は、明細書の最後に用紙を改めて記載されるものであり、<u>明細書の一部である</u>。[H14-59]
☞(1)答×

□ 願書の提出は、特許協力条約第43条（特定の種類の保護を求める出願）又は第44条（2の種類の保護を求める出願）が適用される指定国において、その国を指定することによって得られる全ての種類の保護を求める旨の表示を構成する。[H20-57]
☞(2)答〇

□ 願書に「出願人」又は「出願人及び発明者」と記載された者は、すべて当該願書に署名（国内法令が要求する場合には押印）しなければならないので、願書において、2人以上の出願人のうち1人のみにより署名されている場合は、受理官庁は<u>必ず他の出願人の署名を求める</u>。[H18-14]
☞(3)答×

□ 出願人は、国際調査機関に対し、国際調査を行うに当たり、同一若しくは他の国際調査機関又は国内官庁によって行われた先の国際調査、国際型調査又は国内調査の結果を考慮することを希望することができる。[H26-38]
☞(4)答〇

□ 国際出願の明細書には、当該技術分野の専門家が実施することができる程度に明確かつ十分に発明が開示され、請求の範囲には、保護が求められている事項が明確かつ簡潔に記載されていなければならず、かつ、請求の範囲は、明細書により十分な裏付けがされていなければならない。[H26-60]
☞(5)(6)答〇

4章

国際出願(3)：出願書面①

5 国際出願(4)：出願書面②／優先権主張(1)

1 図　　面

(1)図面は、発明の理解に必要な場合に要求される (7条(1))。

⇨国際段階では、必須の書面ではない。

(2)指定官庁は、図面の提出が発明の理解に必要でない場合でも、発明の性質上、図面によって説明できるときは、出願人に図面の提出を求めることができる (7条(2)(ii))。

(3)指定官庁が出願人に図面を提出させる場合は、図面の提出を要求する書面の日付の日から少なくとも 2 月の期間を出願人に与える必要がある (規則 7.2)。

2 要　　約

(4)要約は、技術情報としてのみ用い、保護の範囲の解釈のために考慮に入れてはならない (3条(3))。

3 優先権の主張の効果

(5)国際出願は、優先権主張の申立てを伴うことができる (8条(1))。その条件・効果は、パリ条約ストックホルム改正条約 4 条の定めるところによる (8条(2)(a))。

⇨基礎出願の国や指定国がストックホルム改正条約に未加入であっても、ストックホルム改正条約が適用される。

(6)基礎出願がされた国を指定国とすることができる (8条(2)(b))。

⇨当該指定国での要件・効果は、当該国内法で定める。

4 優先権主張手続

(7)国際出願における優先権の主張は、願書において行う (規則 4.1(b)(i)、規則 4.10(a))。

⇨先の出願に基づく優先権を主張する旨の陳述、先の出願の日付・番号・国名を記載する (規則 4.10)。

学習日	月　日	月　日	月　日	月　日
正答数	／6	／6	／6	／6

出た過去問！
出る予想問！ 目標**4**分で答えよう

❑ 出願人は、国際出願については、いかなる場合も国際出願の願書に図面を含めなければならない。[S56-2]　☞(1)图×

❑ 指定官庁が、出願人に対し、図面を提出することを要求することができるのは、その図面が発明の理解に必要な場合に限られる。[H3-16]　☞(2)图×

❑ 指定官庁が、出願人に対し、図面を提出することを要求することができる期間は、常に、その提出を要求する書面の日付の日から2か月未満であってはならない。[H10-34]
☞(3)图○

❑ 国際出願の各要素のうち、国際出願で求められている保護の範囲を解釈する場合に考慮に入れてはならないのは、要約のみである。[H14-59]　☞(4)图○

❑ 特許協力条約の締約国Aにおいて、出願人が自己の選択により特許又は発明者証のいずれの出願をもすることができるとき、A国に正規に出願された発明者証出願に基づく優先権を主張した国際出願が、指定国Bにおいて優先権の主張が認められるのは、A国及びB国がパリ条約のストックホルム改正条約を批准又は加入していることが条件とされる。[S62-34]　☞(5)图×

❑ 国際出願日が認められた国際出願が、日本のみの指定を含む国際出願に基づく工業所有権の保護に関するパリ条約による優先権の主張を伴う場合には、日本における優先権主張の条件及び効果は、日本の特許法又は実用新案法の定めるところによる。[H17-27]　☞(6)图○

4章

国際出願(4)：出願書面②／優先権主張(1)

1 優先権書類の提出の原則

(1)出願人は、原則として、優先日から <u>16</u> 月以内に、国際事務局又は受理官庁に優先権書類を提出する（規則 17.1 (a)）。

2 優先権書類の提出の例外

(2)優先権書類が<u>受理官庁</u>により発行される場合には、出願人は、優先権書類の提出に代えて、<u>受理官庁</u>に対し、優先権書類を作成し、<u>国際事務局</u>に送付するよう、優先日から <u>16</u> 月以内に請求することができる（規則 17.1 (b)）。

(3)国際事務局が<u>電子図書館</u>から優先権書類を入手可能なときは、出願人は国際事務局に対し、優先権書類を<u>電子図書館</u>から入手するよう請求することができる（規則 17.1 (b の 2)）。

3 優先権の補充又は追加

(4)出願人は、受理官庁又は国際事務局に提出する書面により、国際出願日から <u>4</u> 月以内に限り、①優先日から <u>16</u> 月、又は、②優先権の主張の補充・追加により優先日に変更が生じる場合には、変更された優先日から <u>16</u> 月の期間のうち、いずれか<u>早く</u>満了する期間内に、優先権の主張の補充又は<u>追加</u>をすることが認められる（規則 26 の 2.1 (a)）。

⇨優先権の補充又は追加は、<u>受理官庁</u>又は<u>国際事務局</u>に提出する書面により行う。

(5)優先権の主張は、先の出願番号表示の<u>欠落</u>、優先権主張における表示と優先権書類に記載されている表示との<u>不一致</u>のみでは、無効にならない。

学習日	月　日	月　日	月　日	月　日
正答数	／5	／5	／5	／5

出た過去問！
出る予想問！ **目標 4 分で答えよう**

4章
優先権主張(2)

❏ 国際出願が、パリ条約のストックホルム改正条約の締約国において又は同条約の締約国についてされた先の国内出願に基づく優先権の主張を伴う場合には、当該先の国内出願を受理した当局が認証したその出願の謄本は、一定の場合を除き、出願人が優先日から 16 月以内に国際事務局又は受理官庁に提出する。[H22-13]　　　☞(1)答○

❏ 優先権書類が受理官庁により発行される場合には、出願人は、受理官庁が条件とする手数料を支払えば、優先権書類の提出に代えて、当該受理官庁に対し、優先権書類を、作成し及び国際事務局に送付するよう、優先日から 16 月以内に請求することができる。[H23-12]　　　☞(2)答○

❏ 国際出願が優先権の主張を伴う場合において、国際事務局が優先権書類を特許協力条約に基づく規則にいう電子図書館から入手可能なときには、出願人は、優先権書類の提出に代えて、国際事務局に対し、優先権書類を電子図書館から入手するように請求することができる。[H18-24] ☞(3)答○

❏ 出願人は、優先日から 16 月の期間又は、優先権の主張の補充若しくは優先権の主張の願書への追加により優先日について変更が生じる場合には、変更された優先日から 16 月の期間のうちいずれか早く満了する期間内に、優先権の主張の補充又は追加を書面によりすることができるが、当該書面の提出先は<u>受理官庁に限られる</u>。[H23-12]　☞(4)答×

❏ 優先権の主張は、先の出願の番号の表示が欠落しているという理由のみでは無効とはみなされない。[H29- 条約 1]
　　　　　　　　　　　　　　　　　　　　☞(5)答○

7 受理官庁の職務(1)

必ず出る！基礎知識 目標 6 分で覚えよう

1 国際出願日の認定

(1)国際出願が次の要件を具備する場合には、受理の日をもって国際出願日と認定される (11 条(1))。

①出願人が国際出願をする資格を有すること。

②所定の言語で出願されていること。

③国際出願をする意思が表示されていること。

④締約国の指定があること。

⑤出願人の氏名又は名称が記されていること。

⑥明細書及び請求の範囲が含まれていること。

(2)上記(1)の認定要件を満たしていない場合、受理官庁は出願人に対し、補充を命じる (11 条(2)(a))。

⇨補充の受理の日が国際出願日となる (11 条(2)(b))。

(3)上記(1)の認定要件を満たせば、パリ条約にいう正規の国内出願となり (11 条(4))、認定がなくても、優先権が生じる。

2 引用補充

(4)明細書等に欠落のある国際出願が優先権を伴っていて、先の出願の明細書等に記載がある場合には、引用補充により欠陥を補うことができる (規則 4.18、規則 20.6)。

⇨通常の補充と異なり、国際出願日に影響を与えない。

3 国際出願の欠陥：方式審査(1)

(5)国際出願に次の欠陥がある場合、国際出願の補充が命じられ、応じないと、出願は取り下げられたものとみなされる (14 条(1))。

①署名がない。②出願人のあて名がない。

③発明の名称がない。④要約がない。⑤様式に不備がある。

学習日	月　日	月　日	月　日	月　日
正答数	／6	／6	／6	／6

出た過去問！
出る予想問！ 目標 **4** 分で答えよう

❏ 受理官庁は、国際出願日を与える所定の要件が受理の時に満たされていることを確認することを条件として、国際出願の受理の日を国際出願日として認める。[H17-35]

☞(1)答○

❏ 国際出願に請求の範囲の記載がないため受理官庁から必要な補充が求められた場合において、出願人が、明細書又は図面の記載内容に基づいた請求の範囲を所定の期間内に提出したときは、当該国際出願の受理の日が国際出願日として認定される。[H19-23] ☞(2)答×

❏ 国際出願がパリ条約のストックホルム改正条約にいう正規の国内出願とみなされるのは、国際出願日が認められたものに限られる。[H3-16] ☞(3)答×

❏ 国際出願の補充をした場合でも、国際出願日に影響を与えない場合がある。[予想問] ☞(4)答○

❏ 受理官庁が、国際出願に、特許協力条約第14条(1)(a)に規定する欠陥を発見し、出願人に対し、所定の期間内に国際出願の補充をすることを求めた場合において、出願人が補充をしなかったときは、その国際出願は、取り下げられたものとみなされる。[H26-60] ☞(5)答○

❏ 受理官庁は、国際出願に発明の名称の記載がないことを発見した場合には、出願人に対し所定の期間内に国際出願の補充をすることを求める。補充をしなかった場合には、その国際出願は、取り下げられたものとみなされ、受理官庁は、その旨を宣言する。[H29-条約1] ☞(5)答○

4章

受理官庁の職務(1)

必ず出る！
基礎知識 **目標 6 分で覚えよう**

1 国際出願の欠陥：方式審査(2)

(1)出願書面には、図面の言及があるが、図面が含まれていない場合には、受理官庁から通知がなされる (14条(2))。

⇨①図面を提出した場合には、国際出願日が図面の受理日に繰り下がる (14条(2)第2文)。②請求の範囲又は明細書の一部を補充した場合も、同様に繰り下がる (規則20.5(b))。③引用補充の場合は、繰り下がらない。

2 国際出願日認定後に11条違反を発見した場合

(2)国際出願日認定後、国際出願日から4月以内に、11条(1)違反の過誤を発見した場合には、国際出願が取り下げられたものとみなされる (14条(4)、規則30.1)。

⇨国際出願日は、認定後に取り消されることはない。

3 国際出願の送付等

(3)受理官庁は、国際出願について、受理官庁用写しを保持し、記録原本を国際事務局に、調査用写しを管轄国際調査機関に送付する (12条(1))。

⇨記録原本が正本とされる (12条(2))。

⇨国際出願日が認定された場合でも、国の安全に関する所定の場合には、国際事務局に送付しなくてよい (規則22.1(a))。

(4)優先日から14月を経過しても、国際事務局に記録原本が送付されない場合、その旨が通知され、当該通知から3月以内に送付されない場合、国際出願は取り下げられたものとみなされる (12条(3)、規則22.3)。

⇨指定国の国内法令により、当該指定国の正規の国内出願としての効果は喪失しないとすることができる (24条(2))。

○ 出た過去問！ 出る予想問！ 目標 **4** 分で答えよう ○

❏ 受理官庁が国際出願日を認めた後に、<u>国際出願日が繰り下</u><u>げられることはない</u>。[H8-34]　　　　　　☞(1)答×

❏ 国際出願に含めるべく作成した図面の一部が国際出願に含まれていなかったため受理官庁からその旨を通知された場合において、出願人が、所定の期間内にその図面を提出したときは、<u>当該国際出願の受理の日が国際出願日として認定される</u>。[H19-23]　　　　　　　　　　☞(1)答×

❏ 受理官庁が国際出願日を認定した後、<u>その国際出願日の認</u><u>定が取り消される場合がある</u>。[H9-14]　　　☞(2)答×

❏ 国際出願日はいったん認定されると取り消されることはなく、国際出願日から4月の期間内に、特許協力条約第11条に規定する国際出願日認定の要件が満たされていないことが発見されたとしても、国際出願の取下げとみなされるだけである。[H18-14]　　　　　　　　　☞(2)答○

❏ 国際出願の1通であって、受理官庁が管轄国際調査機関に送付するものは、その国際出願の<u>正本</u>とされる。[H3-3]　　　　　　　　　　　　　　　　　　　☞(3)答×

❏ 受理官庁が国際出願日を認定した場合には、その受理官庁は、<u>常に</u>、国際事務局に記録原本を<u>送付</u>する。[H21-10改]　　　　　　　　　　　　　　　　　　☞(3)答×

❏ 国際事務局が所定の期間内に記録原本を受理しなかった場合には、その国際出願は取り下げたものとみなされるが、指定国における正規の国内出願としての効果は消滅しない場合がある。[S62-32]　　　　　　　　　　☞(4)答○

4章

受理官庁の職務(2)

9 国際調査⑴

1 国際調査機関

(1)国際調査機関として選定されるには、国内官庁又は政府間機関であって、常勤者100人以上を有することが必要である。また、国際予備審査機関として選定されることが必要である（16条⑶(c)、規則36.1）。

(2)国際調査機関は、総会が選定し、受理官庁が特定する（16条⑶(a)・⑵）。特定する国際調査機関は1つである必要はなく、複数の国際調査機関がある場合は、出願人が国際調査機関を選択する（規則35.2(a)）。

2 国際調査の対象

(3)国際出願日が認められた全ての出願は、原則として、国際調査の対象になる（15条⑴参照）。

⇨願書への記載・請求等は不要である。

3 国際調査の内容

(4)国際調査の目的は、可能な限り多くの関連のある先行技術を発見することである（15条⑵）。

⇨国際調査機関は、最小限資料を調査しなければならない。

(5)最小限資料は、公表された所定の出願等からなるが、公衆の閲覧に供されたにすぎない出願は、最小限資料の対象とはならない（15条⑷、規則34.1(b)・(f)）。

⇨書面によって開示されていることが必要である。

4 発明の単一性の判断

(6)国際調査機関は、発明の単一性がない場合には、追加の手数料の支払いを求め、支払いがない場合は、主発明（最初のもの）について報告書を作成する（17条⑶(a)）。

学習日	月　日	月　日	月　日	月　日
正答数	／6	／6	／6	／6

❑ 国内官庁又は政府間機関は、国際調査機関として選定される前に及び選定されている間、特許協力条約に基づく規則に定める最小限の要件を満たしていなければならないが、当該国内官庁又は政府間機関は<u>国際予備審査機関として選定される必要はない</u>。[H18-24]　　　　☞(1)🈡×

❑ ある受理官庁に受理された特定の種類の国際出願について、複数の国際調査機関が管轄する場合、出願人は、国際出願の国際調査を行う国際調査機関を<u>選択することはできない</u>。[H20-40]　　　　☞(2)🈡×

❑ 国際出願をする者が自己の国際出願についての国際調査報告を受け取るためには、<u>願書にその旨を記載しておかなければならない</u>。[S60-37]　　　　☞(3)🈡×

❑ 各国際出願は、出願人の明示の請求によることなく国際調査の対象とされる。[S56-16]　　　　☞(3)🈡○

❑ 国際調査の最小限資料には、公衆の閲覧に供されたにすぎない出願は含まれない。[H9-29]　　　　☞(5)🈡○

❑ 国際調査機関は、国際出願が規則に定める発明の単一性の要件を満たしていないと認める場合、出願人に対し追加手数料の支払を求めたにもかかわらず、当該追加手数料が支払われないときには、請求の範囲の最初に記載されている発明（「主発明」）に係る部分について、国際調査報告を作成する。[H28-条約2]　　　　☞(6)🈡○

4章

国際調査 (1)

1 　単一性違反の認定に対する異議申立て

⑴出願人は、単一性違反の認定に不服がある場合、<u>追加の</u>
<u>手数料</u>を払うことを条件として、<u>異議申立て</u>をすること
ができる（規則 40.2⒞）。

⑵指定国は、追加手数料が支払われず国際調査の対象とな
らなかった部分は、<u>指定国における効果</u>に限り、<u>取り下</u>
<u>げられた</u>ものとみなすことが<u>できる</u>。（17 条⑶⒝）。

⇨<u>取下擬制</u>されるか否かは、各国法令による。

2 　単一性のない場合の分割

⑶発明の単一性がない場合でも、国際段階で<u>出願分割</u>をす
ることは<u>できない</u>。

⇨<u>国際予備審査</u>で単一性がない場合も、同様である。

3 　国際型調査

⑷国内法令が認める場合には、出願人の<u>請求</u>により又は国
内官庁等の職権で、国内出願を<u>国際調査に類する調査</u>（国
際型調査）に付すことができる（15 条⑸⒜・⒝）。

4 　国際調査報告⑴

⑸国際調査報告は、調査用写しの受領から <u>3 月</u>又は優先日
から <u>9 月</u>のうちの遅い方までに、作成される（規則 42.1）。
17 条⑵⒜（国際調査報告の<u>不作成</u>）の宣言を作成するための
期間も、同様である。

⑹国際調査報告が英語で作成されていない場合には、<u>国際</u>
<u>事務局</u>により、又はその責任において、<u>英訳</u>が作成され
る（18 条⑶、規則 45.1）。

出た過去問！
出る予想問！ 目標 **4** 分で答えよう

❑ 発明の単一性の要件を満たしていないことを理由として追加手数料の支払いを国際調査機関から求められた出願人は、その国際調査機関に対して、追加の手数料を支払うことなく、理由を示した陳述書を添付して異議の申立てをすることができる。[H15-29 改]　　　　　　　☞(1)쫌×

❑ 出願人が国際調査機関により求められた追加手数料を支払わなかったために国際調査が行われなかった国際出願の部分は、いずれの指定国においても、常に、取下げられたものとみなされる。[S58-38]　　　　　　　☞(2)쫌×

❑ 国際予備審査機関は、国際出願が規則に定める発明の単一性の要件を満たしていないと認める場合には、出願人に対し、その選択によりその要件を満たすように請求の範囲を減縮し又は国際出願を二以上の国際出願に分割することを求めることができる。[S63-48]　　　　　　☞(3)쫌×

❑ 締約国の国内法令が認める場合には、当該締約国の国内官庁又は当該締約国のために行動する国内官庁は、出願人の請求がない場合であっても、当該国内官庁にされた国内出願を国際調査に類する調査（「国際型調査」）に付することができる。[H26-38]　　　　　　　☞(4)쫌○

❑ 国際調査報告を作成するための期間は、国際調査機関による調査用写しの受領から3月の期間又は優先日から9月の期間のうちいずれか遅く満了する期間とする。[H29-条約2]
　　　　　　　　　　　　　　　　　　　　　☞(5)쫌○

❑ 国際調査報告の英語による翻訳文は国際調査機関の責任において作成する。[H2-29]　　　　　　　☞(6)쫌×

4章

国際調査(2)

1 国際調査報告⑵

(1)国際調査機関により、国際出願の対象が規則で国際調査をしなくてよいとされるものであると認定され、かつ、国際調査をしないと決定された場合には、国際調査報告は作成されない（17条(2)(a)）。

⇨「規則で国際調査をしなくてもよいもの」と認定しても、国際調査機関が任意に国際調査報告を作成することはできる。

(2)請求の範囲の一部に国際調査報告を作成しない事由がある場合は、国際調査報告にその旨を表示するとともに、他の部分については、通常どおり、国際調査報告を作成する（17条(2)(b)）。

2 国際調査報告の送付など

(3)国際調査報告は、出願人と国際事務局に送付される（18条(2)）。

⇨国際調査報告を作成しない旨の宣言は、出願人及び国際事務局に通知される（17条(2)(a)）。

3 国際調査見解書

(4)国際調査機関は、新規性・進歩性・産業上の利用可能性についての書面による見解（国際調査見解書）を作成する（規則43の2.1）。

⇨出願人が作成を希望しない場合でも、作成される。

(5)国際調査見解書は、国際調査報告書又は17条(2)(a)（国際調査報告の不作成）の宣言の作成と同時に作成され、出願人と国際事務局に送付される（規則43の2.1(a)、規則44.1）。

学習日	月　日	月　日	月　日	月　日
正答数	／5	／5	／5	／5

出た過去問！
出る予想問！　**目標 4 分で答えよう**

□ 国際出願の対象が特許協力条約に基づく規則により国際調査機関による調査を要しないとされているものであると認められるものであっても、国際調査機関の裁量により国際調査報告を作成することができる。[H1-23]　　☞(1)**答**〇

□ 国際調査機関が、明細書、請求の範囲又は図面が有意義な調査を行うことができる程度にまで所定の要件を満たしていないと認めた場合には、<u>その事由が一部の請求の範囲に関連するか、請求の範囲の全体に関連するかにかかわらず、</u>国際調査機関は、その事由がある旨を宣言し、出願人及び国際事務局に対し、<u>請求の範囲の全体について国際調査報告を作成しない旨を通知する。</u>[H20-40]　☞(2)**答**×

□ 国際調査機関は、国際調査報告を作成したときは、その後速やかに、その国際調査報告を出願人、国際事務局及び<u>指定官庁</u>に送付しなければならない。[H26-60]　☞(3)**答**×

□ 国際調査機関は、国際調査報告又は所定の事由がある旨の宣言の作成と同時に、請求の範囲に記載されている発明が新規性、進歩性及び産業上の利用可能性を有するものと認められるかどうかについて、書面による見解を作成する。ただし、国際調査と同時に国際予備審査を開始する場合や<u>出願人が作成を希望しない場合には、書面による見解を作成することを要しない。</u>[H21-2]　　☞(4)**答**×

□ 国際調査見解書は、国際調査報告又は 17 条(2)(a)の宣言と同時に出願人及び国際事務局に送付される。[予想問]

　　　　　　　　　　　　　　　　　　　　　☞(5)**答**〇

1 国際調査機関に対する文献の写しの請求

(1)出願人又は指定官庁は、国際出願日から **7** 年以内に、国際調査機関に対し、文献の写しを請求できる (20条(3)、規則 44.3(a))。

2 19条補正

(2)国際調査報告を受領した出願人は、送付日から **2** 月又は優先日から **16** 月のいずれか遅い期間が満了するまで、国際事務局に対し、請求の範囲の補正を、**1** 回に限り、求めることができる (19条(1)、規則 46.1)。国際調査報告不作成 (17条(2)(a)) の宣言通知の場合は、19条補正ができない。

(3)19条補正の補正書は、国際事務局に提出する (19条(1))。

⇨ 34条補正の補正書は、国際予備審査機関に提出する。

(4)19条補正は、出願時における国際出願の開示の範囲を超えて行ってはならない (19条(2))。

(5)指定国の国内法令が国際出願時の範囲を超える補正を認める場合には、当該指定国においては、いかなる影響をも及ぼすものではない (19条(3))。

⇨ 条約上、範囲を超えた補正をどう扱うかの規定はない。

3 補充国際調査

(6)補充国際調査は、出願人の請求により、国際調査を行う国際調査機関以外の特定の国際調査機関が追加で行う国際調査である (規則45の2)。

⇨ 補充国際調査の請求は、国際事務局に対して行う。

(7)補充国際調査では、書面による見解は作成されない。

⇨ 国際調査の補充にすぎないからである。

● 出た過去問！ 出る予想問！ **目標 4 分で答えよう** ●

❏ 国際調査機関は、出願人の請求に応じ、規則の定めるところにより、当該出願人に対し国際調査報告に列記された文献の写しを送付するが、当該請求は当該国際調査報告に係る国際出願の国際出願日から7年の期間いつでも行うことができる。[H25-56]　　　　　　　　　　☞(1)答○

❏ 出願人は、国際調査報告を受け取った後、所定の期間内に国際事務局に特許協力条約第19条の規定に基づく補正書を提出することにより、国際出願の請求の範囲について1回に限り補正をすることができる。[H28-条約2]　☞(2)答○

❏ 国際出願の出願人は国際調査報告を作成しない旨の宣言を受け取った後、その国際出願の請求の範囲について1回に限り補正をすることができる。[S63-48]　　　☞(2)答×

❏ 条約第19条の規定に基づく補正書は、直接国際事務局に提出する。[R1-条約1]　　　　　　　　　　　☞(3)答○

❏ 特許協力条約19条(1)の規定に基づく補正が出願時における当該国際出願の開示の範囲を超えてされた場合、指定国の国内法令は、当該補正がされなかったものとみなすことを定めることができる旨、この条約には規定されている。
[H7-41]　　　　　　　　　　　　　　　☞(4)(5)答×

❏ 国際出願について国際調査を行う国際調査機関は、当該国際出願について補充国際調査を管轄する。[H28-条約1]
　　　　　　　　　　　　　　　　　　☞(6)答×

❏ 補充国際調査報告が作成される場合、書面による見解も作成される。[H25-52]　　　　　　　　　　☞(7)答×

4章

国際調査報告を受領した出願人の対応

1 特許性に関する国際予備報告（特許協力条約第1章）

(1)国際予備報告第1章は、国際事務局が、国際調査機関に代わって作成する（規則44の2）。

⇨国際予備報告第2章（国際予備審査報告）は、国際予備審査機関が作成する（規則70）。

⇨国際予備審査報告が作成される場合、国際予備報告第1章は作成されない（規則44の2.1(a)）。

(2)国際予備報告第1章は、国際調査見解書と同一の内容である（規則44の2.1(a)）。

⇨表題を付した表紙を、調査見解書に付したものである。

(3)国際予備報告第1章は、国際事務局が出願人に送付し、優先日から30月経過後に、指定官庁に送達する（規則44の2.1(c)、規則44の2.2）。

⇨国際調査見解書は、国際調査機関が、出願人と国際事務局に送付する（規則44.1）。

2 国際調査報告書等の送達

(4)国際事務局は、指定官庁の請求により、国際調査報告等を指定官庁に送達する（20条(1)(a)、規則93の2.1(a)）。

⇨①国際調査報告又は17条(2)(a)の宣言（20条(1)(a)）、②19条補正の内容と説明書（20条(2)）等が送達される。

(5)国際調査報告書が英語で作成されていないときは、国際事務局により、又はその責任において、英語に翻訳され、指定官庁が要求した場合には、送達される（18条(3)、20条(1)(b)、規則45.1、規則47.1(d)）。

○ 出た過去問！ 出る予想問！ **目標 4 分で答えよう** ○

❑ 国際調査機関の書面による見解と、特許性に関する国際予備報告（特許協力条約第1章）は、国際調査機関によって作成され、国際予備審査機関の書面による見解と、特許性に関する国際予備報告（特許協力条約第2章）は、国際予備審査機関によって作成される。[H18-4] ☞(1)答×

❑ 国際予備審査報告が作成された場合又は作成される予定の場合を除き、国際事務局は、国際調査機関に代わって、「特許性に関する国際予備報告（特許協力条約第1章）」という表題の報告を作成するが、その報告は、国際調査機関が作成した書面による見解と同一の内容である。[H21-2] ☞(1)(2)答○

❑ 国際予備審査報告が作成された場合又は作成される予定の場合を除き、国際事務局は、国際調査機関による見解書に「特許性に関する国際予備報告（特許協力条約第1章）」なる表題を付した報告を作成し、出願人に送付する。[H16-10改] ☞(3)答○

❑ 国際出願は、国際事務局によって、国際調査報告又は17条(2)(a)（国際調査報告を作成しない場合）の宣言とともに、各指定官庁に送達される。ただし、この送達は当該送達を請求しない指定官庁に対しては行われない。[H17-27] ☞(4)答○

❑ 指定官庁が要求した国際調査報告の所定の翻訳文は、この条約第20条の規定に基づくその指定官庁に送達される文書に含められない。[H7-41] ☞(5)答×

14 国際公開(1)

1 国際公開の対象

(1)国際出願日の認定された全ての国際出願が、国際公開の対象になる。

⇨国際公開の技術的な準備が完了する前に国際出願が取下げ・取下擬制された場合には、国際公開されない (21条(5))。

(2)優先日から18月経過時に全ての指定国が国際公開を留保している場合には、国際公開されない (64条(3)(b))。

⇨留保とは、「自国に関する限り、国際出願の国際公開を行う必要がない」との宣言を行っていることをいう。

⇨この場合でも、①出願人の請求があったとき、②留保国で公表されて優先日から18月を経過したときは、国際公開される (64条(3)(c))。

(3)公序良俗に反する表現等が含まれている場合は、そのような表現等を省略することができる (21条(6))。

⇨この場合、省略した語又は図面の箇所・数を表示し、請求により、個別に写しを交付する (21条(6))。

2 国際公開で公開される内容(1)

(4)19条補正の内容は、国際公開に含まれる (規則48.2(f))。

⇨19条補正の内容が国際出願時の範囲を超えていても、補正後の内容が国際公開される。

⇨19条補正がされた場合でも、常に、出願時の請求の範囲の全文が国際公開される (規則48.2(f))。

学習日	月　日	月　日	月　日	月　日
正答数	／6	／6	／6	／6

◉ 出た過去問！ 出る予想問！ **目標 4 分で答えよう** ◉

❑ 国際公開の技術的な準備が完了する前に国際出願が取下げられた場合には、当該国際出願の国際公開は、常に行わない。[H2-42] ☞(1)答○

❑ 自国に関する限り国際出願の国際公開を行う必要がないことの宣言を行っている国のみの指定が国際出願に含まれている場合において、その国際出願に基づく国内出願又は特許が当該指定国の国内官庁により公表されたとき、その国際出願は、当該出願人から請求がなければ、当該優先日から 18 か月を経過する前に国際公開される場合はない。[H7-37] ☞(2)答○

❑ 国際出願に「自国に関する限り、国際出願の国際公開を行う必要がない」ことの宣言を行っている国のみの指定が含まれている場合には、出願人の請求がなければ、その国際出願は、国際公開が行われる場合はない。[予想問] ☞(2)答×

❑ 国際事務局は、国際出願に善良の風俗又は公の秩序に反する表現が含まれていると認める場合には、国際公開を行うに際し、刊行物においてそのような表現を省略することができる。[H26-60 改] ☞(3)答○

❑ 条約第 19 条(1)の規定に基づく請求の範囲の補正が、出願時における国際出願の開示の範囲を超えてされている場合には、当該補正後の請求の範囲は国際公開に含められることはない。[H17-27] ☞(4)答×

❑ 請求の範囲について、この条約第 19 条の規定に基づく補正がされた場合であっても、国際公開には、常に出願時における請求の範囲の全文が含まれる。[H13-35] ☞(4)答○

1 国際公開で公開される内容⑵

(1)願書は、国際公開の対象ではない（規則 48.2 (a)参照）。

⇨願書の記載事項の一部は、表紙に掲載される（規則 48.2 (b)(ⅰ)）。

(2)国際調査報告又は国際調査報告不作成の宣言（17条(2)(a)）
は、国際公開の対象である（規則 48.2 (a)(ⅴ)）。

(3)国際予備審査報告は、国際公開の対象ではない。

(4)国際調査見解書は、国際公開の対象ではないが（規則 48.2
参照）、原則として、国際公開時に別途公開される。

(5)英語以外の言語で国際公開がされる場合、国際調査報告、
国際調査報告不作成の宣言（17条(2)(a)）、発明の名称、要
約は、国際事務局によって英語に翻訳される（規則 48.3 (c)）。

⇨要約は、英文が先に掲載される（規則 48.2 (b)(ⅲ)）。

2 国際公開の時期

(6)国際公開は、原則として、優先日から 18 月経過後に、
速やかに行われる（21条(2)(a)）。

⇨出願人の明示の請求があった場合は、早期公開される（21
条(2)(b)、規則 48.4）。

3 国際公開の効果⑴

(7)国際公開の効果は、審査を経ていない国内出願の強制的
な国内公開について指定国の国内法令が定める効果と同
一のものである（29条(1)）。

⇨強制的な国内公開についての効果に限られ、出願人の請
求による任意的な国内公開は除かれる。

◎ 出た過去問！ 出る予想問！ 目標 **4** 分で答えよう ◎

❑ 国際事務局が行う国際公開は、国際出願の願書、明細書、請求の範囲、必要な図面及び要約に限られる。[S60-25]

☞(1)(2)答×

❑ 国際出願の国際公開とともに、国際調査報告は国際公開されるが、特許協力条約第17条(2)(a)（国際調査報告を作成しない場合）の宣言は、国際公開されない。[S61-27]

☞(2)答×

❑ 国際事務局が適切と認めた場合、国際公開には、明細書、請求の範囲、図面、国際調査報告又は特許協力条約第17条(2)(a)（国際調査報告を作成しない場合）の宣言、国際調査機関の書面による見解、特許協力条約第19条(1)の規定に基づく補正書及びその説明書が含まれる。[H18-4]

☞(4)答×

❑ 国際調査機関が作成する見解書は、優先日から30月が経過するまで、一般公衆に公開されることはない。[H28-条約 1]

☞(4)答×

❑ 国際出願の国際公開が行われる場合において、国際出願の要約が英語とフランス語の双方で作成されているとき、フランス文が最初に掲載される場合はない。[H9-35] ☞(5)答○

❑ 指定国における出願人の権利の保護に関する限り、国際出願の国際公開の指定国における効果は、この条約第29条(2)から(4)（国際公開の効果）までの規定に従うことを条件とすれば、審査を経ていない国内出願の国内公開について当該指定国の国内法令が定める効果と常に同一である。[H7-37]

☞(7)答×

1 国際公開の効果(2)

(1)指定国の国内法令は、「早期公開される場合、国際公開の効果は、優先日から 18 月を経過した時からのみ生ずる」と定めることができる(29条(3))。

(2)指定国の国内法令は、「指定国の国内公開と異なる言語で国際公開が行われた場合、国際公開の効果は、国際公開時からでなく、29条(2)(ⅰ)〜(ⅳ)に規定された時からのみ生ずる」と定めることができる(29条(2))。

2 国際事務局・国際調査機関の秘密保持義務(30条(1))

(3)国際事務局及び国際調査機関は、原則として、国際出願の国際公開が行われる前に、いかなる者又は当局に対しても国際出願が知得されるようにしてはならない。

⇨次の場合は、この限りでない。

①出願人の請求による場合　②出願人の承諾を得た場合

③国際調査機関への送付、指定官庁への国際出願の写しの送付(13条)、指定官庁への国際調査報告等の送達(20条)の場合

3 国内官庁の秘密保持義務(30条(2))

(4)国内官庁は、30条(2)(a)に規定する日のうちの最も早い日前に、第三者に対し国際出願が知得されるようにしてはならない。

⇨次の場合は、この限りでない。

①出願人の請求による場合　②出願人の承諾を得た場合

③自己が指定官庁とされた旨を通知する場合

④指定官庁が司法当局に対してする場合

学習日	月 日	月 日	月 日	月 日
正答数	／5	／5	／5	／5

出た過去問！
出る予想問！ **目標4分で答えよう**

❑ 指定国の国内法令は、国際公開が出願人の請求により優先日から18月を経過する前に行われた場合に、指定国における出願人の権利の保護に関して、国際出願の国際公開の指定国における効果が優先日から18月を経過した時からのみ生ずることを定めてはならない。[H20-5]　☞(1)🈪✕

❑ 指定国における出願人の権利の保護に関する限り、国際出願の国際公開の指定国における効果は、審査を経ていない国内出願の強制的な国内公開について当該指定国の国内法令が定める効果と同一とし、その効果はいかなる場合も国際公開日から生ずる。[S60-25]　☞(2)🈪✕

❑ 国際事務局及び国際調査機関は、国際出願の国際公開が行われる前に、出願人の承諾を得た者に対しても国際出願が知得されるようにしてはならない。[S61-27]　☞(3)🈪✕

❑ 指定官庁が、出願人の請求がなく、かつ、その承諾を得ていなくても、国際出願の国際公開の日前に司法当局に対し国際出願が知得されるようにすることは、妨げられない。[H20-57]　☞(4)🈪〇

❑ 指定官庁は、出願人の請求がなく、かつその承諾を得ていない場合であっても、国際出願の国際公開の日前に、司法当局に対し国際出願が知得されるようにすることができる場合がある。[H8-11]　☞(4)(4)🈪〇

17 国際予備審査請求(1)

1 国際予備審査機関の選定・特定

(1)原則として、国際予備審査機関の選定は<u>総会</u>が、特定は<u>受理官庁</u>が行う (32 条(3)・(2))。

⇨総会が、本来は国際予備審査の請求ができない者に対し、国際予備審査請求できることを決定した場合は (31 条(2)(b))、総会が管轄国際予備審査機関を<u>特定</u>する (32 条(2))。

(2)国際調査機関とは異なり、最終的に国際予備審査機関を<u>単一の機関</u>とすることを目的とするという規定は<u>ない</u> (16 条(2)参照)。

2 国際予備審査の請求人

(3)国際予備審査の請求ができる者は、原則として、①第 2 章の規定に拘束される締約国の<u>居住者</u>又は<u>国民</u>であって、②第 2 章の規定に拘束される締約国の<u>受理官庁</u>等に<u>国際出願</u>した者である (31 条(2)(a))。

⇨<u>共同出願</u>の場合、少なくとも 1 人が要件を満たせば足りる (規則 54.2)。

(4)PCT の<u>非締約国</u>又は第 2 章に拘束されない締約国の居住者又は国民であっても、<u>総会</u>の決定により、国際予備審査の請求をすることができる (31 条(2)(b))。

⇨但し、<u>国際出願</u>をする資格を有する者でなければならない。

3 請求の手続

(5)<u>国際予備審査</u>は、国際出願とは<u>別個</u>に請求しなければならない (31 条(1))。

⇨自動的に開始される<u>国際調査</u>とは異なる。

学習日	月 日	月 日	月 日	月 日
正答数	／7	／7	／7	／7

● 出た過去問! 出る予想問! 目標 **4** 分で答えよう ●

❏ 受理官庁は、国際予備審査機関と国際事務局との間の関係取決めに従い、国際予備審査を管轄することとなる1又は2以上の国際予備審査機関を特定する。[H25-22]　☞(1)答○

❏ 国際予備審査機関の特定は、受理官庁のみが行う。[H5-36]
☞(1)答×

❏ 管轄国際予備審査機関の特定は国際事務局により又はその責任において行われる。[H4-37]　☞(1)答×

❏ 各機関の主観の入り込む余地を排除するため、特許協力条約には、国際予備審査機関は単一の機関とすることが究極の目的である旨規定されている。[H19-43]　☞(2)答×

❏ 出願人が、規則の定めるところによって、条約第2章の規定に拘束される締約国の居住者又は国民である場合において、そのような締約国の受理官庁又はそのような締約国のために行動する受理官庁に国際出願をしたときは、その出願人は、国際予備審査の請求をすることができる。[R1-条約1]　☞(3)答○

❏ PCT締約国の国民又は居住者ではない場合でも、パリ条約の同盟国の居住者又は国民は、国際予備審査の請求をすることができる場合がある。[予想問]　☞(4)答○

❏ 国際予備審査の請求は、国際出願とは別個に行う。この請求書には、所定の事項を記載するものとし、この請求書は、所定の言語及び形式で作成する。[H19-13]　☞(5)答○

4章

国際予備審査請求(1)

1 国際予備審査の請求先

(1)国際予備審査請求は、管轄国際予備審査機関に対して行う(31条(6)(a))。

⇨受理官庁、管轄違いの官庁に請求した場合、当該官庁は、受理の日付を付して、①国際事務局に、又は②決定により管轄国際予備審査機関に直接、送付することができる(規則59.3(a)・(f))。

2 国際予備審査機関としての要件

(2)国際予備審査機関は、常勤者を100人以上有していることのほか、最小限資料を容易に利用できること等が必要である(規則63.1)。

⇨国際調査機関では、最小限資料を「所有し又は利用し得るようにして」おくことが必要である(規則36.1)。

3 出願人への通知

(3)国際予備審査機関は、請求書に受理の日を表示して、国際事務局に速やかに送付し(規則61.1(a))、受理の日を出願人に速やかに通知する(規則61.1(b))。

4 国際予備審査の請求と選択国

(4)国際予備審査の請求をした場合には、第2章に拘束される全指定国を選択したことになる(規則53.7)。

5 手数料

(5)国際予備審査の請求には、予備審査手数料及び取扱手数料の支払いが必要である(31条(5)、規則58.1、57.1)。

⇨取扱手数料は、国際事務局のための手数料である。

⇨いずれの手数料も、国際予備審査機関に支払う。

◎ 出た過去問！ 出る予想問！ 目標 **4** 分で答えよう ◎

❏ 国際予備審査の請求書が受理官庁に提出された場合において、一の管轄国際予備審査機関のみがあるとき、その受理官庁は、その請求書に受理の日付を付したものを、決定により、管轄国際予備審査機関に直接送付することができる。[H22-4]　　　　　　　　　　　　　　　　☞(1)圏○

❏ 国際予備審査機関は、審査の目的のために適正に整備された特許協力条約に基づく規則に定める最小限資料を容易に利用できるようにしておかなければならない。[H12-25]
　　　　　　　　　　　　　　　　　　　　　　　☞(2)圏○

❏ 国際予備審査機関が受理の日を表示した国際予備審査の請求書を国際事務局に送付したとき、<u>国際事務局</u>は、出願人に対し、その受理の日を速やかに通知する。[H22-55]
　　　　　　　　　　　　　　　　　　　　　　　☞(3)圏×

❏ 国際予備審査の請求書の提出は、指定された国であって特許協力条約第2章の規定に拘束される全締約国の選択を構成する。[H28-条約3]　　　　　　　　　　　☞(4)圏○

❏ 国際予備審査の請求について支払わなければならない手数料は、国際予備審査機関のための<u>予備審査手数料のみ</u>である。[H21-46]　　　　　　　　　　　　　　☞(5)圏×

❏ 国際予備審査の請求について支払わなければならない手数料として、国際事務局のための取扱手数料と国際予備審査機関のための予備審査手数料がある。出願人は、これらの手数料を<u>国際事務局</u>に支払わなければならない。[H24-39]
　　　　　　　　　　　　　　　　　　　　　　　☞(5)圏×

1　国際予備審査請求の請求時期

(1)国際予備審査を請求することができるのは、①出願人への国際調査報告又は17条(2)(a)の宣言及び国際調査見解書の送付の日から3月、又は、②優先日から22月の期間の、いずれか遅く満了する期間までである(規則54の2.1(a))。

2　国際予備審査の取下げ等

(2)国際予備審査の請求の取下げ又は選択の取下げは、優先日から30月を経過するまで可能である(規則90の2.4(a))。

⇨全ての選択国の選択の取下げは、国際予備審査請求の取下げとみなされる(37条(2))。

⇨選択国の一部についての選択の取下げ、又は国際予備審査請求の取下げは、原則として、関係締約国に関しては、国際出願の取下げとみなされる(37条(4)(a))。

3　国際予備審査の開始

(3)国際予備審査は、①国際予備審査の請求書、②取扱手数料及び予備審査手数料の全額、③国際調査報告又は17条(2)(a)の宣言のいずれか及び国際調査見解書の全てを国際予備審査機関が受領した時に、原則として開始される。

⇨17条(2)(a)の宣言がされた場合でも開始される点に注意。

4　国際段階の単一性違反(1)

(4)国際予備審査機関は、国際出願が単一性の要件を満たしていない場合には、①請求の範囲の減縮、又は②追加手数料の支払いを求めることができる(34条(3)(a))。

⇨国際調査と異なり、追加手数料の支払いを求めずに、出願全体に国際予備審査報告を作成することもできる。

出た過去問！
出る予想問！ 目標 **4** 分で答えよう

❏ 優先日から 20 月を経過した日に国際調査報告が出願人に送付された場合、出願人は、送付から 3 月の期間の満了までに国際予備審査の請求をすることができる。[H22-4]

☞(1)答○

❏ 管轄国際予備審査機関に対して国際予備審査請求を行った後、所定の期間内に国際事務局に全ての選択国の選択の取下げを届け出た場合には、国際予備審査の請求は取り下げられたものとみなされる。[H24-47]　　　　☞(2)答○

❏ 国際出願について国際予備審査請求を行った場合であって、当該国際出願について国際調査報告が作成されず、条約第 17 条(2)(a)（国際調査報告を作成しない場合）の宣言がされた場合には、国際予備審査報告が、当該国際出願について作成されることはない。[H16-21]　　　☞(3)答×

❏ 国際予備審査機関は、国際出願が規則に定める発明の単一性の要件を満たしていないと認める場合には、出願人に対し、出願人の選択によりその要件を満たすように請求の範囲を減縮し又は追加手数料を支払うことを求めることができる。[H23-42]　　　　　　　　　　　　☞(4)答○

❏ 国際予備審査機関は、国際出願が規則に定める発明の単一性の要件を満たしていないと認める場合であっても、出願人に対し、請求の範囲の減縮及び追加手数料の支払いのいずれも求めることなく、国際出願の全体について国際予備審査を進めるときがある。[H29- 条約 4 改]　　☞(4)答○

4章

国際予備審査請求(3)／単一性(1)

必ず出る！
基礎知識 **目標 6 分で覚えよう**

1 国際段階の単一性違反(2)

(1)国際予備審査で単一性がないと判断された場合、主発明部分について国際予備審査報告が作成される (34条(3)(c))。

⇨国際調査では、請求の範囲に最初に記載された発明が主発明であるが、国際予備審査では、必ずしも最初に記載された発明が主発明であるとは限らない (規則68.5)。

2 国内段階の単一性違反

(2)単一性を満たすよう請求の範囲の減縮を選択した場合、選択国は、国際予備審査がされない部分について、取り下げられたものとみなすことができる (34条(3)(b))。

⇨裁量規定である。我が国には、このような規定はない。

3 出願人の権利(1)：連絡権

(3)出願人には、口頭及び書面で、国際予備審査機関と連絡する権利が認められている (34条(2)(a))。

4 出願人の権利(2)：34条補正①

(4)出願人は、所定期間に、請求の範囲・明細書・図面について補正をする権利を有する (34条(2)(b))。

⇨補正の範囲は、出願時における国際出願の開示の範囲内である。

⇨19条補正とは異なり、国内官庁が許せばその範囲を超える補正を可能とする旨の規定はない (19条(3)参照)。

⇨当初の範囲を超えた場合は、補正されなかったものとして国際予備審査報告書が作成される (規則70.2(c))。

(5)34条補正の提出先は、管轄国際予備審査機関である。

⇨19条補正の提出先が国際事務局であることと比較せよ。

○ 出た過去問！出る予想問！ 目標 **4** 分で答えよう ○

❏ 国際出願が、特許協力条約に基づく規則に定める発明の単一性を満たしていないと国際調査機関が認めて当該出願人に対してその選択により請求の範囲の減縮をし又は追加手数料を支払うことを求めたが、その出願人がその規則に定める期間内にその求めに応じなかったとき、その国際出願のうち請求の範囲に最初に記載されている発明以外の発明に係る部分について国際予備審査報告書が作成される場合はない。[H12-25]　　　　　　　　　　　　　☞(1)㍼×

❏ 国際出願の出願人が、国際予備審査機関からその国際出願が特許協力条約に基づく規則に定める発明の単一性の要件を満たしていない旨の通知を受けたため、同条約 34 条(3)(a)の規定により請求の範囲を減縮することを選択した場合、その減縮の結果国際予備審査の対象とならなかった国際出願の部分については、取り下げたものとみなされる。[H1-4]
☞(2)㍼×

❏ 出願人は、国際予備審査機関と口頭及び書面で連絡する権利を有する。[H26-31]　　　　　　　　　　　　☞(3)㍼○

❏ 国際予備審査機関が、特許協力条約第 34 条(2)(b)の規定に基づく補正が出願時における国際特許出願の開示の範囲を超えてなされたものと認める場合には、国際予備審査報告は、補正がされていない部分も含めて作成されない。[H24-47]　　　　　　　　　　　　　　　　　☞(4)㍼×

❏ 国際予備審査の請求は、管轄国際予備審査機関に対して行い、国際出願の明細書又は図面についての補正は当該国際予備審査機関に対して行う。[S61-31 改]　　　　☞(5)㍼○

4章

単一性(2)／出願人の権利(1)

1 出願人の権利⑶：34 条補正②

(1)出願人が国際予備審査機関に対して行う34条補正は、明細書・請求の範囲・図面について行うことができ、その回数は、1回に限られない。

⇨ 19条補正では、請求の範囲について1回のみである。

2 書面による見解を示される権利

(2)出願人は、①発明が新規性・進歩性・産業上の利用可能性を具備しない場合、②条約及び規則に定める要件を満たしていない場合、③ 35 条⑵末文の意見を述べることが意図されている場合のいずれかに該当すると、国際予備審査機関から、書面による見解を示される（34 条⑵(c)）。

⇨新規性等を有している場合でも、書面による見解を示される場合がある。

3 答弁する権利

(3)出願人は、国際予備審査機関から書面による見解を示された場合（34条⑵(c)）には、答弁することができる（34条⑵(d)、規則 66.2 (c)）。

⇨国際調査見解書は、原則として、国際予備審査機関の書面による見解とみなされ（規則 66.1 の 2 (a)）、出願人には、これに対して答弁する権利が付与される。

(4)答弁する期間は、いかなる場合も、通知の日から1月未満とはされない（規則 66.2 (d)）。

(5)出願人は、請求により、補正書又は抗弁を提出する一又は二以上の追加の機会を与えられる場合がある（規則 66.4 (b)）。

学習日	月　日	月　日	月　日	月　日
正答数	／6	／6	／6	／6

出た過去問！
出る予想問！　**目標 4 分で答えよう**

❏ 19 条補正は請求の範囲について 1 回のみ行うことができ
るのに対し、34 条補正は明細書、請求の範囲及び図面に
ついて 2 回以上行うことができる。[H14-28]　　　☞(1)🈩〇

❏ 国際予備審査機関は、国際出願の請求の範囲に記載されて
いる発明が当該三の基準（新規性、進歩性、産業上の利用
可能性を有するもの）に適合していると認めたときには、
常に、出願人に対し書面による見解を示す必要はない。
[H5-5]　　　　　　　　　　　　　　　　　　　　☞(2)🈩✕

❏ 国際予備審査機関はいかなる場合でも、出願人に対し少な
くとも 1 回書面による見解を示し答弁する機会を与えなけ
ればならない。[S59-39]　　　　　　　　　　　　☞(3)🈩✕

❏ 国際調査機関が作成した書面による見解が国際予備審査機
関の書面による見解とみなされる場合、出願人がその見解
に対する答弁書の提出を求められることはない。[H21-46]
　　　　　　　　　　　　　　　　　　　　　　　☞(3)🈩✕

❏ 国際予備審査機関が、出願人に対し、書面により、請求の
範囲に記載されている発明が進歩性を有しない旨の見解を
示し、期間を指定して答弁を求めるときは、指定する期間
は、いかなる場合にも通知の日の後 1 月未満とはされない。
[H16-21]　　　　　　　　　　　　　　　　　　　☞(4)🈩〇

❏ 国際予備審査機関は、出願人の請求により、出願人に対し、
補正書又は抗弁する機会を 2 回以上与えることはできない。
[H19-43 改]　　　　　　　　　　　　　　　　　　☞(5)🈩✕

1 国際予備審査機関におけるトップアップ調査

(1)国際予備審査機関は、国際調査報告の作成日後に発行され、又は調査のために利用可能となった文献を発見するための調査(トップアップ調査)を行う(規則 66.1 の 3)。

⇨調査が何ら有益な目的に資さないと考える場合は、この限りでない。

2 国際予備審査報告の作成期間

(2)国際予備審査報告は、①優先日から 28 月、②国際予備審査開始の時から 6 月、③翻訳文を国際予備審査機関が受領した日から 6 月のうち、最も遅く満了する期間までに作成しなければならない(規則 69.2)。

3 国際予備審査報告の内容

(3)国際予備審査報告では、いずれかの国内法令によって特許になるか否か、特許になると思われるか否かについての陳述を記載してはならない(35 条⑵)。

(4)国際予備審査報告には、次の記述が含まれる(35 条⑵、規則 70.6)。

①新規性・進歩性・産業上の利用可能性につき是か非か。

②記述の結論を裏付けると認められる文献。

③場合により必要な説明。

④他の意見(規則 70.12 等)。

(5)国際予備審査では、優先権の有効性を考慮した基準日を基準として、新規性・進歩性等を判断する(規則 64.1)。

⇨国際調査では、国際出願日を基準とすることと比較せよ(規則 33.1)。

学習日	月 日	月 日	月 日	月 日
正答数	／5	／5	／5	／5

出た過去問！出る予想問！ 目標4分で答えよう

❏ 国際予備審査機関は、調査が何ら有益な目的に資さないと考えるものでない限り、国際調査報告を作成した日の後に発行された又は当該国際予備審査機関が調査のために利用可能となった第64規則に規定する文献（国際予備審査における先行技術）を発見するための調査を行う。[H28-条約4]　　　　　　　　　　　　　　　　　　☞(1)答〇

❏ 国際予備審査のための翻訳文の提出が不要な国際出願の場合、国際予備審査報告は優先日から28月又は国際予備審査の開始の時から6月のいずれか遅く満了する期間内に作成される。[H25-52]　　　　　　　　　　☞(2)答〇

❏ 国際予備審査報告には、請求の範囲に記載されている発明がいずれかの国内法令により特許を受けることができる発明であるかどうかの問題についてのいかなる陳述をも記載してはならない。[H17-11]　　　　　　　　　　☞(3)答〇

❏ 国際予備審査機関が、国際予備審査報告において、国際出願の請求の範囲の記載が当該三基準（新規性、進歩性又は産業上の利用可能性の基準）に適合していると認められるかどうか当該請求の範囲について記述する場合、当該記述に付されることがあるのは、その結論を裏付けると認められる文献の列記と、場合により必要な説明とに限られる。[H5-5]　　　　　　　　　　　　　　　　　　☞(4)答✕

❏ 国際予備審査の新規性等の判断は基準日を基準とし、基準日は、国際出願が先の出願に基づく優先権の主張を伴う場合、当該優先権の主張を有効でないと判断した場合を除き、先の出願の日とする。[H20-18 改]　　　　　　☞(5)答〇

必ず出る！基礎知識　目標 **6** 分で覚えよう

1　国際予備審査報告と国際調査報告との関係

(1)国際調査報告がされていない発明に関する請求の範囲は、国際予備審査の対象とする必要がない（規則 66.1 (e)）。

(2)作成された国際予備審査報告は、「特許性に関する国際予備報告（特許協力条約第 2 章）」と併称される（規則 70.15 (b)）。

⇨国際予備報告第 1 章と異なり、同じ機関で作成される。国際事務局が代行するのではない。

2　国際予備審査の基準と国内官庁の基準

(3)締約国は、新規性・進歩性・産業上の利用可能性等の特許要件について、国際予備審査と異なる又は追加の基準を用いることができる（33 条(5)）。

3　国際予備審査に際し考慮すべき事項

(4)国際予備審査では、国際調査報告に列記された文献を全て考慮に入れる（33 条(6)）。

(5)国際予備審査の請求書の提出前にする 19 条補正は、原則として、国際予備審査のために考慮される（規則 66.1 (c)）。

⇨但し、34 条補正により差し替えられ又は取り消されたものとみなされる場合は、考慮されない。

(6)国際予備審査の請求書の提出後にする 19 条補正及び 34 条補正は、原則として、国際予備審査のために考慮される（規則 66.1 (d)）。

⇨但し、書面による見解（34 条(4)(a)）又は国際予備審査報告の作成開始後に当該補正書が受理される場合は、書面による見解又は国際予備審査報告のために考慮する必要はない（規則 66.4 の 2）。

学習日	月 日	月 日	月 日	月 日
正答数	／6	／6	／6	／6

❏ 発明の単一性の欠如に関して追加手数料を支払わなかった
ため、請求の範囲の一部について<u>国際調査がされていない</u>
国際出願が、国際予備審査請求時に特許協力条約第 34 条
(2)(b)に規定する補正を行って発明の単一性を満たすものと
なった場合、国際予備審査機関は<u>当該補正後の全部の請求
の範囲について国際予備審査を行わなければならない</u>。
[H18-4]　　　　　　　　　　　　　　　　　　☞(1)答×

❏ 国際予備審査報告が作成された後に、特許性に関する国際
予備報告（特許協力条約第 2 章）が<u>国際事務局により作成</u>
される。[予想問]　　　　　　　　　　　　　☞(2)答×

❏ 特許協力条約の締約国は、国際出願の請求の範囲に記載さ
れている発明が自国において特許を受けることができる発
明であるかどうかを決定するにあたり、当該三の基準（新
規性、進歩性又は産業上の利用可能性の基準）と<u>異なる基
準を適用することはできない</u>。[H5-5 改]　　☞(3)答×

❏ 国際予備審査にあたっては、国際予備審査機関は、国際調
査報告に列記された全ての文献を考慮に入れる。[H23-28]
　　　　　　　　　　　　　　　　　　　　　☞(4)答○

❏ 国際予備審査の請求書が提出される前になされた特許協力
条約第 19 条の規定に基づく補正は、国際予備審査のため
に考慮に入れる。ただし、その補正が特許協力条約第 34
条の規定に基づく補正により差し替えられ又は取り消され
たものとみなされる場合を除く。[H20-18]　☞(5)答○

❏ 国際予備審査の請求書の提出後にする <u>19 条補正</u>は、常に、
<u>国際予備審査のために考慮される</u>。[予想問]　☞(6)答×

4章

国際予備審査報告(2)

1　国際予備審査報告等の送付

(1)国際予備審査報告は、所定の附属書類とともに、<u>出願人</u>
　<u>及び国際事務局</u>に送付する（36 条(1)）。

⇨附属書類とは、<u>34 条補正</u>の補正書や、発明の単一性の判
　断についての<u>異議申立書</u>、検査機関における<u>異議の決定</u>
　<u>書面</u>（規則 68.3(c)）等である。

2　翻訳文の作成

(2)国際予備審査報告の翻訳文は、<u>国際事務局</u>により、又は
　<u>その責任</u>において、作成される（36 条(2)(b)）。

⇨選択国は、所定の場合に、<u>英訳</u>を要求できる（規則 72.1）。

(3)附属書類の翻訳文は、<u>出願人</u>が作成する（36 条(2)(b)）。

3　国際予備審査報告・附属書類の選択官庁への送達

(4)国際予備審査報告は、翻訳文と附属書類とともに、<u>国際</u>
　<u>事務局</u>が各選択官庁に送達する（36 条(3)(a)）。

⇨国際予備審査の請求又は選択の一部又は全部が<u>取り下げ</u>
　<u>られた</u>場合であっても、国際事務局が国際予備審査報告
　を<u>受領</u>していたときは、送達される（規則 73.2(c)）。

4　文献の写しの請求

(5)国際予備審査機関は、選択官庁又は出願人の請求により、
　<u>国際予備審査報告</u>に列記された文献であって、<u>国際調査</u>
　<u>報告</u>に列記されていないものの<u>写し</u>を送付する（36 条(4)で
　準用する 20 条(3)）。

⇨請求期間は、国際出願日から <u>7</u> 年以内である（規則 71.2(a)）。

● 出た過去問！ 出る予想問！ 目標 **4** 分で答えよう ●

❏ 国際予備審査報告については、国際予備審査機関が、国際事務局及び出願人に各1通同一の日に送付する。[H28-条約4]　　　　　　　　　　　　　　　　☞(1)答○

❏ 選択国は、自国の国内官庁の公用語以外の言語で作成された国際予備審査報告を自国の公用語に翻訳することを出願人に要求することができる。[R1-条約4]　　☞(2)答×

❏ 選択国は、自国の国内官庁の公用語以外の言語で作成された国際予備審査報告を英語に翻訳することを要求することができる。[H26-3]　　　　　　　　　　☞(2)答○

❏ 国際予備審査報告の翻訳文及びその附属書類の翻訳文は、いずれも、国際事務局により又はその責任において作成される。[H30-条約4]　　　　　　　　　　☞(3)答×

❏ 国際予備審査機関の枠組みにおいて設置される検査機関による異議についての決定の書面の翻訳文は、国際事務局が作成する。[H22-4]　　　　　　　　☞(1)(3)答×

❏ 出願人が一部の選択国の選択を取り下げた場合、国際事務局が国際予備審査報告を受領していたときでも、国際予備審査報告は、取下げの影響を受ける官庁に対しては送達されない。[H22-55]　　　　　　　　　☞(4)答×

❏ 国際予備審査報告に係る国際出願の出願人又は選択官庁は、国際予備審査報告に列記された文献であって国際調査報告には列記されていないものの写しの送付を、国際出願日から7年の期間いつでも、国際予備審査機関に請求することができる。[H27-6]　　　　　　　　☞(5)答○

4章

国際予備審査報告(3)

25 国内移行手続

1 国内移行手続

(1)出願人は、優先日から <u>30</u> 月を経過する時までに、①<u>国際出願の写し</u>の提出、②<u>所定の翻訳文</u>の提出、③該当する場合における<u>国内手数料</u>の支払いを行い、国内移行の手続を行うことができる (22条(1)、39条(1)(a))。

⇨<u>国際出願の指定官庁への送達</u> (20条) が既にされている場合、国際出願の写しの提出は不要である。

(2)移行手続をしなかった場合、国際出願の効果は、当該指定国においての<u>国内出願の取下げ</u>の効果と同一の効果をもって<u>消滅</u>する (24条(1)(iii)、39条(2))。

2 指定官庁等における処理の開始

(3)<u>翻訳文等</u>の提出期間の満了前は、指定官庁等での国際出願の処理又は審査を行わない (23条(1)、40条(1))。

⇨但し、出願人の<u>明示の請求</u> (例出願審査の請求) により、いつでも、国際出願の処理又は審査を行うことができる (23条(2)、40条(2))。

3 指定官庁等における補正

(4)<u>無審査主義国</u>でも、所定の期間内に、請求の範囲・明細書・図面についての補正の機会を与えなければならない (28条(1)、41条(1))。

⇨指定官庁等は、出願人の明示の同意がない限り、その期間の満了前に特許を与え、又は拒絶してはならない。

(5)補正は、国内法令で認められている場合を除き、出願時における<u>国際出願の開示</u>の範囲を超えてしてはならない (28条(2)、41条(2))。

❏ 出願人は、各指定官庁に対し、国際出願の写し及び所定の翻訳文を提出し並びに、該当する場合には、国内手数料を支払わなければならないが、国際出願の写しについては、これを提出する必要のない場合がある。[H21-28]　☞(1)答○

4章

国内移行手続

❏ 出願人が指定官庁に対し所定の翻訳文の提出及び必要な国内手数料の支払を該当する期間内にしなかった場合、指定官庁が国際出願の効果を維持することを認めている場合を除き、特許協力条約第 11 条(3)に定める国際出願の効果は、指定国において、当該指定国における国内出願の取下げの効果と同一の効果をもって消滅する。[H19-13]　☞(2)答○

❏ 指定官庁は、出願人の明示の請求により、国際出願の処理又は審査をいつでも行うことができる。[H30- 条約 1]

☞(3)答○

❏ 指定官庁による国際出願の処理又は審査は、優先日から 30 月を経過する時までに行われる場合がある。[H25-11]

☞(3)答○

❏ 出願人は、各指定官庁において所定の期間内に請求の範囲、明細書及び図面について補正をする機会を与えられる。指定官庁は、出願人の明示の同意がない限り、その期間の満了前に特許を与えてはならない。[H30- 条約 1]　☞(4)答○

❏ 出願人は、各選択官庁において所定の期間内に請求の範囲、明細書及び図面について補正をする機会を与えられる。補正は、いかなる場合も、出願時における国際出願の開示の範囲を超えてしてはならない。[H30- 条約 4]　☞(4)(5)答×

第 5 章

国際出願法

1 国際出願

1 国願法が適用される場合

(1)特許協力条約に基づく国際出願等に関する法律（以下「国願法」）は、受理官庁・国際調査機関・国際予備審査機関が特許庁である場合に適用される（1条）。

⇨受理官庁を国際事務局とする場合、国願法は適用されない。

2 出願人適格

(2)日本国特許庁を受理官庁として国際出願できる者（国願法の適用を受ける者）は、日本国民、又は日本国内に住所・居所（法人にあっては営業所）を有する外国人である（2条前段）。

⇨日本国民は、国内に住所等を有する必要はない。

⇨2人以上で国際出願する場合には、1人でもその適格を有していればよい（2条後段）。

⇨日本国民が代表者又は筆頭出願人である必要はない。

3 願 書 等

(3)国際出願をしようとする者は、日本語又は経済産業省令で定める外国語で作成した願書・明細書・請求の範囲・必要な図面・要約書を、特許庁長官に提出しなければならない（3条1項）。

⇨省令で定める外国語は、英語である（施規12条）。

(4)願書には、条約に従って処理すべき旨の申立て、出願人の氏名・国籍・住所、発明の名称等を記載する（3条2項）。

⇨共同出願の場合、出願人の氏名は全員の記載が必要であるが、国籍・住所は1人で足りる（3条2項2号かっこ書）。

◎ 出た過去問！出る予想問！ 目標 **4** 分で答えよう ◎

❏ 国際出願法上の特許庁は、特許協力条約に規定する受理官庁、国際調査機関及び国際予備審査機関である。[H1-19] ☞(1)答○

❏ 2人以上の出願人が、特許協力条約に基づき受理官庁としての国際事務局に国際出願をする場合、出願人全員が日本の国民である場合であっても、国際出願をする手続きに関しては「特許協力条約に基づく国際出願等に関する法律」は適用されない。[H16-41] ☞(1)答○

❏ 日本国内に住所又は居所（法人にあっては、営業所）のいずれも有しない外国人は、日本国内に住所を有する外国人と共同して日本国特許庁長官に国際出願をすることができる。[H23-45] ☞(2)答○

❏ 日本国内に住所又は居所（法人にあっては、営業所）を有しない外国人と日本国民が共同して国際出願をする場合、日本国民が代表者であるか又は筆頭出願人でなければ、特許庁長官に対し国際出願することは認められない。[H28-条約6] ☞(2)答×

❏ 国際出願をしようとする者は、願書、明細書、請求の範囲、必要な図面及び要約書を、日本語、英語又はフランス語で作成し、特許庁長官に提出することができる。[H26-57] ☞(3)答×

❏ 出願人が2人以上ある場合、国際出願をしようとする者が願書に記載しなければならない事項には、全ての出願人の国籍及び住所又は居所が含まれる。[H27-50] ☞(4)答×

必ず出る！
基礎知識　目標 **6** 分で覚えよう

1 国際出願日の認定

(1)特許庁長官は、国際出願が特許庁に<u>到達した日</u>を国際出
願日として認定しなければならない（<u>到達主義</u>：4条1項）。

⇨但し、次の場合を除く。

①<u>出願人適格</u>がない場合。

②出願を<u>条約に従って処理</u>すべき旨の申立てがない場合。

③出願人の<u>氏名</u>等の記載がないか、明確でない場合。

④<u>明細書</u>又は<u>請求の範囲</u>が含まれていない場合。

⑤明細書又は請求の範囲が<u>日本語又は経済産業省令で定
める外国語</u>で作成されていない場合。

(2)国際出願日の認定要件を欠く場合は、特許庁長官により
<u>手続の補完</u>が命じられる（4条2項）。<u>補正命令ではない</u>。

(3)補完命令に応じた場合、<u>手続補完書</u>が特許庁に<u>到達</u>した
日が、国際出願日と認定される（4条3項）。

⇨<u>自発補完</u>の場合も、同様である（17条参照）。

2 国際出願日が動く場合

(4)特許庁長官は、その出願に、国際出願に含まれていない
<u>図面</u>についての記載がされているときは、その旨を出願
人に<u>通知</u>しなければならない（5条1項）。これに応じて図
面を提出した場合、図面が特許庁に<u>到達</u>した日が、国際
出願日と認定される（5条2項）。

⇨<u>自発的</u>に提出した場合も、同様である（17条参照）。

3 補正命令⑴

(5)願書が日本語又は経済産業省令で定める外国語で作成さ
れていない場合には、<u>補正</u>が命じられる（6条1号）。

学習日	月　日	月　日	月　日	月　日
正答数	／6	／6	／6	／6

出た過去問！
出る予想問！ 目標 **4** 分で答えよう

❏ 受理官庁としての日本国特許庁に国際出願に係る願書等を郵便により提出した場合、当該願書等を日本郵便株式会社の営業所（郵便の業務を行うものに限る。）に差し出した日時を郵便物の受領証により証明したときは、その日時に当該国際出願が日本国特許庁に到達したものとみなされる。
[H17-35] ☞(1)答×

❏ 国際出願の明細書が日本語又は経済産業省令で定める外国語で記載されていない場合には、特許庁長官は出願人に対し手続の補正をすべきことを命じなければならない。[予想問] ☞(1)(2)答×

❏ 特許庁長官から手続の補完を命じられた場合において、手続補完書が提出されたときは、特許庁長官は、当該手続補完書が特許庁長官に到達した日を国際出願日として認定しなければならない。[予想問] ☞(3)答○

❏ 国際出願に、その国際出願に含まれていない図面についての記載がされている場合、特許庁長官からその旨が出願人に通知されるが、出願人が経済産業省令で定める期間内に図面を提出したときには、その図面の到達の日が国際出願日として認定される。[H26-57] ☞(4)答○

❏ 特許庁長官は、願書が日本語又は経済産業省令で定める外国語で作成されていない場合には、手続の補完を命じなければならない。[予想問] ☞(5)答×

❏ 願書が中国語で作成されている場合、特許庁長官は、相当の期間を指定して、書面により手続の補完をすべきことを命じなければならない。[H28-条約6] ☞(5)答×

1　補正命令⑵

(1)図面及び要約書が、明細書及び請求の範囲と<u>同一の言語</u>で作成されていない場合には、<u>補正</u>が命じられる（6条3号）。

⇨この場合の「図面」は、<u>図面の中の説明</u>に限る。

(2)<u>要約書</u>が含まれていない場合には、補正が命じられる（6条4号）。

(3)補正を命じられた者が指定期間内に補正をしなかった場合、特許庁長官は、その国際出願が<u>取り下げられたもの</u>とみなす旨の決定をしなければならない（7条1号）。

2　国際調査

(4)特許庁長官は、<u>審査官</u>に国際調査報告の作成をさせなければならない（8条1項）。

(5)上記(4)は、<u>日本国特許庁</u>以外の国際調査機関が国際調査をする場合を除く（8条1項かっこ書）。

⇨日本国特許庁以外の国際調査機関となるのは、以下の機関である。

　①<u>欧州特許庁</u>

　②<u>シンガポール知的所有権庁</u>

(6)調査の対象が、<u>国際調査を要しない</u>ものとして経済産業省令で定める事項を内容とする場合には、当該対象について国際調査はなされない（8条2項1号・3項）。

3　発明の単一性

(7)発明の単一性がない場合、特許庁長官は、<u>追加の手数料の納付</u>を命じなければならない（8条4項）。

学習日	月 日	月 日	月 日	月 日
正答数	／7	／7	／7	／7

出た過去問！出る予想問！ 目標**4**分で答えよう

❏ 図面（図面の中の説明に限る）及び要約書が英語で、明細書及び請求の範囲が日本語で作成されている場合には、手続の補正が命じられる。[予想問]　　　　☞(1)答○

❏ 特許庁長官は、国際出願において要約書が含まれていないとき、相当の期間を指定して、書面により手続の補完をすべきことを命じなければならない。[R1-条約5]　☞(2)答×

❏ 補正をすべことを命じられた者が、指定期間内に補正をしない場合には、国際出願が却下される。[予想問]　☞(3)答×

❏ 特許庁長官は、国際調査機関として、国際調査報告を作成しなければならない。[予想問]　　　　　　　☞(4)答×

❏ 日本国特許庁が受理官庁であっても、日本国特許庁が国際調査機関とならない場合がある。[予想問]　　☞(5)答○

❏ 特許庁長官は、国際出願日が認定された国際出願について、必ず国際調査報告を審査官に作成させなければならない。[予想問]　　　　　　　　　　　　　　☞(6)答×

❏ 国際出願が条約第17条(3)(a)の発明の単一性の要件を満たしていないときは、国際調査機関たる特許庁長官は、出願人対し補正を命じ、特許請求の範囲を減縮するよう求めることができる。[予想問]　　　　　　　　☞(7)答×

国際調査②/国際予備審査

1 文献の写しの請求

(1)出願人は、特許庁長官に対し、経済産業省令で定める期間内に、国際調査報告に列記された<u>文献の写し</u>の送付を請求することができる(9条)。

⇨当該期間は、国際出願日から<u>7</u>年である。

2 国際予備審査

(2)国際調査機関として日本国特許庁を選定している場合には、特許庁長官に対し、<u>国際予備審査</u>の請求ができる(10条1項)。

⇨他の国際調査機関(例欧州特許庁等)を国際調査機関として選定している場合には、特許庁長官に対し、国際予備審査の請求は<u>できない</u>(8条1項かっこ書参照)。

(3)特許庁長官に対し国際予備審査の請求をする者は、日本語又は経済産業省令で定める外国語で記載した<u>請求書</u>を、特許庁長官に提出しなければならない(10条2項)。

3 国際予備審査報告

(4)特許庁長官は、<u>審査官</u>に国際予備審査報告を作成させる(12条1項)。

4 国際予備審査の単一性

(5)特許庁長官は、国際予備審査において発明の単一性がない場合には、出願人に対し、<u>請求の範囲の減縮</u>又は<u>追加の手数料の納付</u>を命じなければならない(12条3項)。

⇨条約とは異なり、本規定は<u>強行規定</u>であって、<u>裁量規定ではない</u>(PCT34条(3)(a)参照)。

学習日	月　日	月　日	月　日	月　日
正答数	／5	／5	／5	／5

出た過去問！ 出る予想問！ 目標 **4** 分で答えよう

❏ 出願人は、その国際出願に係る国際調査報告にその国際出願と関連する技術に関する文献の記載があるときは、特許庁長官に対し、経済産業省令で定める期間内に、その文献の写しの送付を請求することができる。[H26-57]　☞(1)答○

❏ 特許庁長官に対して国際出願を行っている者は、常に、特許庁長官に対し、国際予備審査の請求をすることができる。[予想問]　☞(2)答×

❏ 日本国特許庁に国際予備審査の請求をしようとする者は、経済産業省令で定める事項を日本語又は経済産業省令で定める外国語により記載した請求書を、特許庁長官に提出しなければならない。[H25-19]　☞(3)答○

❏ 国際予備審査請求は特許庁長官に対してするものであるから、国際予備審査報告も特許庁長官が作成しなければならない。[予想問]　☞(4)答×

❏ 特許庁長官は、国際予備審査の請求がなされた国際出願が発明の単一性の要件を満たしていない場合には、出願人に対し、相当の期間を指定して、国際予備審査を受けようとする請求の範囲を減縮し、又は所定金額に当該請求の範囲に記載されている発明の数から１を減じて得た数を乗じて得た金額の範囲内において政令で定める金額の手数料を追加して納付すべきことを命じなければならない。[H27-50]　☞(5)答○

5 その他

1　答弁書の提出

(1)審査官は、①新規性等がないとき、②条約 35 条(2)に規定する意見を述べる必要があるとき、その他経済産業省令で定めるときは、出願人に対してその旨を通知し、相当の期間を指定して答弁する機会を与えなければならない(13 条)。

2　国際予備審査報告に列記された文献の写しの請求

(2)国際予備審査報告に列記された文献は、国際出願の日から 7 年以内に、特許庁長官に写しの送付を請求することができる(15 条で準用する 9 条)。

⇨条約とは異なり、国際調査報告に列記されたものも含めて、文献の写しの請求が可能である(PCT36 条(4)参照)。

3　代　表　者

(3)2 人以上が共同して国際出願をした場合であって、代表者を決めていない場合には、特許庁長官は、経済産業省令によるところにより、出願人の代表者を指定することができる(16 条 2 項)。

⇨代表者の選任等を命じることができるわけではない。

⇨出願人として願書に記載されている日本国民等のうち、最初に記載されているものを代表者として指定する(施規 71 条)。

(4)代理人により手続をする場合、法定代理人等のほか、弁理士・弁護士を代理人としなければならない(16 条 3 項)。

学習日	月 日	月 日	月 日	月 日
正答数	／6	／6	／6	／6

● 出た過去問！ 出る予想問！ 目標 **4** 分で答えよう ●

❑ 審査官は、国際予備審査の対象が新規性等を有する場合であっても、出願人に対し通知をし、答弁する機会を与える場合がある。[予想問]　　　　　☞(1)答○

❑ 日本国特許庁が管轄国際予備審査機関である場合、国際予備審査報告に記載された国際出願と関連する技術に関する文献について、全ての文献の写しの送付を請求することができる。[予想問]　　　　　☞(2)答○

❑ 日本国特許庁が管轄国際予備審査機関である場合、国際予備審査報告に記載された国際出願と関連する技術に関する文献の写しの送付の請求は、<u>優先日から7年</u>以内に限り、することができる。[予想問]　　　　　☞(2)答×

❑ 日本国特許庁が管轄国際予備審査機関である場合、国際予備審査報告に記載された国際出願と関連する技術に関する文献の写しの送付の請求は、国際出願日から7年以内であれば、することができる。[予想問]　　　　　☞(2)答○

❑ 2人以上が共同して国際出願をした場合に、出願人が代表者を定めていないときは、出願人に対し、<u>相当の期間を指定して、代表者を選任して届出をすることが命じられる。</u>[H25-19]　　　　　☞(3)答×

❑ 特許庁長官は、2人以上が共同して国際出願をした場合において出願人が代表者を定めていないときは、願書に記載された出願人のうちであって、特許協力条約に基づく国際出願等に関する法律で規定する日本国民等のうち<u>いずれかのものを代表者として指定することができる。</u>[R1- 条約5]
　　　　　☞(3)答×

第6章

TRIPS 協定

1 一般規定及び基本原則

(1) TRIPS 協定は、各加盟国が守るべき<u>最低限の保護</u>の内容を定めている。従って、各加盟国は、これ以上の保護を実施することができるが、その義務は負わない（1条1）。

(2) TRIPS 協定では、<u>パリ条約1条～12条、19条</u>の規定を遵守しなければならない（2条1）。

2 保護対象

(3) TRIPS 協定の保護対象は、<u>工業所有権</u>ではなく、<u>知的所有権</u>である（1条2）。

⇨ ①<u>著作権及び関連する権利</u>、②<u>商標</u>、③<u>地理的表示</u>、④<u>意匠</u>、⑤<u>特許</u>、⑥<u>集積回路の回路配置</u>、⑦<u>開示されていない情報</u>が、保護の対象となる。

⇨ <u>実用新案</u>は、保護の対象として規定されていない。

⇨ <u>サービスマーク</u>は、<u>商標</u>として保護される（15条1）。

3 内国民待遇（3条）

(4) TRIPS 協定では、<u>知的所有権</u>の保護に関し、<u>内国民待遇</u>を規定している。

⇨ パリ条約の内国民待遇は、<u>工業所有権</u>の保護に関するものである点で異なる。

(5) TRIPS 協定における内国民待遇は、自国民に与える待遇よりも<u>不利でない</u>待遇を他の加盟国の国民に与えるとするものである。

⇨ 自国民よりも他の加盟国の国民を<u>有利</u>に扱ってもよい。その際は、司法上及び行政上の手続については、例外を定めることができる（3条1・2）。

学習日	月　日	月　日	月　日	月　日
正答数	／7	／7	／7	／7

○ 出た過去問！出る予想問！ **目標 4 分で答えよう** ○

❏ 加盟国は、この協定の規定に反しないことを条件として、この協定において要求される保護よりも広範な保護を国内法令において実施することができるが、そのような義務を負わない。[H26-16] ☞(1)答○

❏ パリ条約における特許独立の原則は、同条約上の原則であるから、同条約の同盟国についてのみ適用され、同条約の同盟国でない世界貿易機関の加盟国はこの原則を遵守する義務はない。[H20-49] ☞(2)答×

❏ 加盟国に遵守することが義務付けられているパリ条約の規定は、第1条から第12条までに限られている。[予想問]
☞(2)答×

❏ TRIPS協定では、実用新案を保護する旨の規定がある。[予想問] ☞(3)答×

❏ TRIPS協定では、サービスマークは、商標として保護される。[予想問] ☞(3)答○

❏ 各加盟国は、知的所有権の保護に関し、自国民に与える待遇よりも有利な待遇を他の加盟国の国民に与えてはならない。[H23-48] ☞(5)答×

❏ 各加盟国は、知的所有権の保護に関し、例外なく、自国民に与える待遇よりも不利でない待遇を他の加盟国の国民に与えなければならない。[H22-31] ☞(5)答×

1 最恵国待遇(4条)

(1)最恵国待遇とは、いずれかの国の国民に与えた有利な待遇は、即時かつ無条件に他の加盟国の国民にも等しく与えなければならない、すなわち、最も良い条件・利益を与えられた他の国民と同じ条件・利益を、他の加盟国の国民に与えなければならないとする原則である。

⇨パリ条約では、最恵国待遇は規定されていない。

(2)最恵国待遇では、「最も良い条件・利益を得ている者」が加盟国の国民である必要はない。

⇨最恵国待遇を受けられるのは、加盟国の国民である。

(3)最恵国待遇は、即時かつ無条件で与えられる。

2 保護の取得又は維持に関する多数国間協定

(4)内国民待遇や最恵国待遇は、知的所有権の取得又は維持に関して WIPO（世界知的所有権機関）の主催の下で締結された多数国間協定に関する手続については、適用されない(5条)。

⇨条約の加盟の促進を阻害することになるからである。

⇨ WIPO 主催の下で締結された多数国間協定としては、PCT・マドリッド協定の議定書・ハーグ協定等がある。

⇨締結されたものであればよく、発効されている必要はない点に注意せよ。

○ 出た過去問！ 出る予想問！ **目標 4 分で答えよう** ○

❏ パリ条約は、同盟国の国民が、工業所有権の保護に関して、他の全ての同盟国において内国民待遇の利益を享受しうることを規定しているが、最恵国待遇を受けることまでは規定していない。他方、知的所有権の貿易関連の側面に関する協定は、世界貿易機関加盟国が、他の加盟国の国民に対し、内国民待遇ばかりではなく、最恵国待遇をも与えるべきことを規定している。[H15-3]　　　☞(1)答○

❏ TRIPS 協定によれば、加盟国は、原則として、自国が他国（Ｘ国）の国民に与える利益、特典、特権又は免除を、そのＸ国が加盟国であるか否かにかかわらず、他のすべての加盟国の国民に対し、即時かつ無条件に与えなければならない。[H13-30]　　　☞(2)(3)答○

❏ 知的所有権の保護に関し、加盟国が他の国の国民に与える利益、特典、特権又は免除は、他のすべての加盟国の国民に対し合理的な条件の下で与えられなければならない。[H20-36]　　　☞(3)答×

❏ 内国民待遇（TRIPS3 条）、最恵国待遇（TRIPS4 条）の例外（TRIPS5 条）で対象としているのは、知的所有権の取得又は維持に関して WIPO 主催の下で発効された多数国間協定に規定する手続である。[予想問]　　　☞(4)答×

3 権利消尽

1 権利消尽の原則

(1) TRIPS 協定では、原則として、知的所有権の消尽に関する問題を条約の問題として取り扱ってはならない (6条)。

⇨ 国際消尽を認めるか否かは、条約の問題ではなく、国内法の問題である。

⇨ パリ条約には、消尽に関する規定はない。

⇨ TRIPS 協定の交渉において、先進国は国際消尽の否定を求める一方、途上国は肯定を求めたが、最終的には、妥協の産物として価値中立的な規定となった。

(2) 国内法で国際消尽を認める、又は認めないことが、TRIPS 協定に違反するわけではない。

⇨ BBS 事件最高裁判決は、国際消尽を否定しているが、その理由は、条約の要請ではなく、二重利得防止論が必ずしも妥当しないためとした。この点からも、国際消尽は、あくまでも国内法の問題であるということが理解できる。

2 権利消尽の例外

(3) 権利消尽の問題であっても、例外的に、内国民待遇・最恵国待遇の制約を受け、違反すると、世界貿易機関における紛争解決手続の対象となる。

⇨ 例えば、次の場合、当該加盟国は TRIPS 協定に違反する。

① 自国民の特許権は消尽せず、外国人の特許権は消尽するという制度を有する加盟国 (3条違反)。

② ある国の国民の特許権は消尽せず、他の加盟国の国民の特許権は消尽するという制度を有する加盟国 (4条違反)。

学習日	月　日	月　日	月　日	月　日
正答数	／5	／5	／5	／5

出た過去問！　出る予想問！　目標 4 分で答えよう

☐ 加盟国が、知的所有権の国際的消尽を定めることは、<u>いかなる場合にも</u> TRIPS 協定違反となる。［H13-30］　☞(1)答×

☐ TRIPS 協定の加盟国では、国際消尽を認めても、認めなくともよい。［予想問］　☞(1)(2)答○

☐ 我が国の最高裁は、特許権の国際消尽論を否定したが、他の加盟国が国際消尽論をとることは許される。［予想問］

☞(2)答○

☐ <u>この協定のいかなる規定も、知的所有権の消尽に関する問題を取り扱うためには適用されない。</u>［H23-48］　☞(3)答×

☐ パリ条約には、工業所有権の消尽に関する明文の規定は存在していない。他方、知的所有権の貿易関連の側面に関する協定では、同協定に係る紛争解決において、同協定中の<u>いかなる規定も知的所有権の消尽に関する問題を取り扱うために用いてはならない</u>と規定し、<u>消尽の問題はいかなる場合といえども、世界貿易機関における紛争解決手続の対象とはなりえない</u>ことを明らかにしている。［H15-3］

☞(1)(3)答×

1 保護の対象 (15条1)

(1) TRIPS 協定上、商標には、<u>商品商標</u>だけでなく、<u>サービスマーク</u>(役務商標)も含まれる。

(2) 商標登録の要件として、<u>視認性</u>を要求することができる。

⇨ 視認性を商標の登録要件とするか否かは、<u>各国の裁量</u>である。

2 使用と登録 (15条3)

(3) 登録の要件として、<u>使用</u>を義務付けることができる。

⇨ 登録要件として使用を義務付けるか否かは、<u>各国の裁量</u>である。

⇨ 出願の条件として、<u>実際の使用</u>を義務付けることはできない。

⇨ 出願日から <u>3</u> 年間の使用の猶予期間が認められている。

3 商品・役務の性質の無制約 (15条4)

(4) 商標が出願される<u>商品・サービス</u>の性質は、商標登録の妨げとはならない。

⇨ <u>商品</u>についてのみ規定する<u>パリ条約7条</u>とは異なる。

4 登録に関する公告、異議申立制度 (15条5)

(5) 加盟国は、登録前又は登録後<u>速やかに</u>、商標を<u>公告</u>し、<u>登録取消し</u>を請求する機会を与えなければならない。

⇨ 公告は、登録前でも登録後でもよい。

⇨ 各加盟国に、<u>公告</u>と<u>商標取消制度</u>の整備が義務付けられている。

(6) 商標の登録に対し異議を申し立てる機会を与えることが、<u>裁量</u>として認められる。

学習日	月　日	月　日	月　日	月　日
正答数	／8	／8	／8	／8

6章

商

標

● 出た過去問！ ● 出る予想問！ 目標 **4** 分で答えよう ●

(1)

❏ TRIPS 協定上、商標という場合には、パリ条約とは異なり、サービスマークが含まれる。[予想問]　　　　　☞(1)答○

❏ 加盟国は、標識を視覚によって認識することができることを登録の条件として要求しなければならない。[R1-条約9]　　　　　☞(2)答×

❏ 加盟国は、標識を視覚によって認識することができることを商標の登録の条件として要求することができない。[H24-4]　　　　　☞(2)答×

❏ 加盟国は、視覚によって認識することができない標識を、商標として登録することができる。[H16-38]　　☞(2)答○

❏ 加盟国は、標識の視覚による認識可能性を商標登録の条件とすることが義務付けられている。[H14-3]　　☞(2)答×

❏ 加盟国は、使用を商標の登録要件とすることができる。ただし、商標の実際の使用を登録出願の条件としてはならない。[H24-4]　　　　　☞(3)答○

❏ 商標が出願される商品又はサービスの性質は、いかなる場合にも、その商標の登録の妨げになってはならない。[H30-条約10]　　　　　☞(4)答○

❏ 加盟国は、登録前又は登録後速やかに商標を公告するものとし、また、登録を取り消すための請求の合理的な機会を与え、更に、加盟国は、商標の登録に対し異議を申し立てる機会を与えなければならない。[H26-16]　　☞(6)答×

5 商　標 ⑵

1 商標権者に与えられる権利 (16条1)

(1)商標権者には、<u>排他的権利</u>が与えられる。

⇨<u>独占排他権</u>とは規定されていない。

(2)商標権者は、第三者が、①登録された商標に係る商品・サービスと同一・類似の商品・サービスについて、同一・類似の標識を商業上使用することの結果として、②混同を生じさせるおそれがある場合には、<u>差止請求</u>ができる。

⇨上記①②の要件を満たす場合には、差止請求を認める<u>義務</u>を負うが、例えば、要件②を<u>不要</u>とすることで、商標権者を手厚く保護することは許される。

(3)<u>同一標識</u>を<u>同一商品</u>等に使用する場合には、混同が生じるおそれがあると<u>推定</u>される。

⇨みなしではなく、推定にとどまる点に注意。

⇨<u>類似</u>の標識や<u>類似</u>の商品等についての使用によっては、混同を生じるおそれは推定されない。

2 周知商標の保護 (16条2・3)

(4)パリ条約6条の2の<u>周知商標の保護</u>の規定は、TRIPS 協定において<u>サービス</u>に準用され、周知のサービスマークと同一・類似の商標等は登録されず、その使用も<u>禁止</u>される。

(5)商標が周知か否かの判断は、<u>関連する公衆</u>の有する当該商標についての知識を考慮する。

(6)非類似の場合でも、①当該非類似商品・役務と商標権者との<u>関連性</u>が示唆され、②<u>商標権者の利益が害される</u>可能性がある場合には、周知商標の規定が準用される。

6章

商

標

(2)

● 出た過去問！ 出る予想問！ **目標 4 分で答えよう** ●

❑ TRIPS 協定では、商標権者に与えられる権利は<u>独占排他的権利である</u>旨規定されている。[予想問]　　☞(1)答×

❑ TRIPS 協定では、我が国の商標法と同様に、商標権者には、<u>混同が生じるおそれがない場合であっても差止請求が認められる</u>旨規定されている。[予想問]　　☞(2)答×

❑ TRIPS 協定では、同一の商品又はサービスについて同一の標識を使用する場合は、混同が生じるおそれがある場合<u>であるとみなされる</u>旨規定されている。[予想問]　☞(3)答×

❑ 同一の商品又はサービスについて同一の標識<u>のみならず類似の標識を使用する場合であっても</u>、混同を生じさせるおそれがある場合であると<u>推定される</u>。[H16-38 改]　☞(3)答×

❑ 加盟国は、商標が広く認識されているものであるかないかを決定するに当たっては、関連する公衆の有する当該商標についての知識（商標の普及の結果として獲得された当該加盟国における知識を含む。）を考慮しなければならない。[H25-4]　　☞(5)答○

❑ パリ条約第6条の2の規定は、登録された商標に係る商品又はサービスと類似していない商品又はサービスについて準用する。ただし、当該類似していない商品又はサービスについての当該登録された商標の使用が、当該類似していない商品又はサービスと当該登録された商標の権利者との間の関連性を示唆し、かつ、当該権利者の利益が当該使用により害されるおそれがある場合に限る。[R1- 約9改]

☞(6)答○

6 商 標 ③

1 商標権の効力の例外 (17条)

(1)加盟国は、商標権者及び第三者の正当な利益を考慮することを条件として、商標により与えられる権利につき、記述上の用語の公正な使用等、限定的な例外を定めることができる。

⇨商標法26条は、これに該当する。

2 保護期間 (18条)

(2)商標の最初の登録及び登録の更新の存続期間は、少なくとも7年である。商標の登録は、何回でも更新することができるものとする。

3 要件としての使用 (19条)

(3)登録は、少なくとも3年間継続して使用しなかった場合においてのみ、取り消すことができる。

⇨①使用できないことに正当な理由がある場合、②商標権者の管理下にある者の使用（使用権者等）がある場合は、取り消されない。

4 その他の要件 (20条)

(4)商標の商業上の使用は、他の商標との併用、特殊な形式による使用、又はある事業に係る商品・サービスを他の事業に係る商品・サービスと識別する能力を損なわせる方法による使用等、特別な要件により不当に妨げられてはならない。

⇨例外として、医薬品等について商品・サービスの生産者を特定する商標を、商品・サービスを識別する商標と併記するよう義務付けることは許容される。

学習日	月　日	月　日	月　日	月　日
正答数	／6	／6	／6	／6

◉ 出た過去問！ 出る予想問！ **目標4分で答えよう** ◉

❑ 加盟国は、商標権者及び第三者の正当な利益を考慮することを条件として、商標により与えられる権利につき、記述上の用語の公正な使用等限定的な例外を定めることができる。[H27-53]　　　　　　　　　　　　☞(1)答○

❑ 知的所有権の貿易関連の側面に関する協定において、商標の最初の登録及び登録の更新の存続期間は、少なくとも10年とし、商標の登録は、何回でも更新するすることができるものとする。[H9-45]　　　　　　　☞(2)答×

❑ 登録を維持するために使用が要件とされる場合には、登録は、少なくとも3年間継続して使用しなかった後においてのみ、取り消すことができる。ただし、商標権者が、その使用に対する障害の存在に基づく正当な理由を示す場合は、この限りでない。[R1-条約9]　　　　　　☞(3)答○

❑ 商標登録を維持するために使用が要件とされる場合には、商標登録は、少なくとも3年間継続して使用されなかったときは、常に、取り消される。[H23-48]　　　　☞(3)答×

❑ 他の者による商標の使用が商標権者の管理の下にある場合には、当該使用は、登録を維持するための商標の使用として認められる。[H24-4]　　　　　　　　　☞(3)答○

❑ 商標の商業上の使用は、他の商標との併用、特殊な形式による使用又はある事業に係る商品若しくはサービスを他の事業に係る商品若しくはサービスと識別する能力を損なわせる方法による使用等特別な要件により不当に妨げられてはならない。[H28-条約9]　　　　　　　☞(4)答○

1 商標の使用許諾(21条1文)

(1)加盟国は、商標の使用許諾・譲渡に関する条件を定めることができる。

⇨商標の強制使用許諾は、認められない。

2 商標の譲渡(21条2文)

(2)商標の譲渡は、その商標が属する事業の移転が行われることを条件としてもよく、商標のみで自由に譲渡ができるものとしてもよい。

⇨我が国の商標法は、両者を採用している(商24条の2参照)。

3 地理的表示の保護(22条)

(3)地理的表示の保護は、商品についてのものである。

⇨サービスの保護については、適用されない。

(4)加盟国は、地理的原産地について公衆を誤認させるような表示がなされる場合等に、これを防止するための法的手段を、利害関係人に確保しなければならない。

(5)地理的表示を含み、当該地理的表示に係る領域を原産地としない商品について使用する商標の登録について、加盟国は、一定の要件の下、登録を拒絶又は無効としなければならない。

⇨真正の原産地について公衆を誤認させるような場合に限られる。

(6)ぶどう酒・蒸留酒の場合は、真正の原産地が表示され、又は「種類」「型」「様式」等の表現がされ、公衆の誤認が生じない場合でも、原産地以外の地理的表示の使用の防止手段を確保する義務がある(23条1)。

◉ 出た過去問！ 出る予想問！ **目標 4 分で答えよう** ◉

❏ 商標については、強制使用許諾は認められない。[予想問]

☞(1)答○

❏ 商標の譲渡は自由であり、加盟国は、商標が属する事業の移転とともにする場合でなければ商標の譲渡をすることができないと定めることは許されない。[H16-38]　☞(2)答×

❏ 地理的表示の保護は、サービスに関しては適用されない。[予想問]

☞(3)答○

❏ 地理的表示に関して、加盟国は、利害関係を有する者に対し、商品の特定又は提示において、当該商品の地理的原産地について公衆を誤認させるような方法で、当該商品が真正の原産地以外の地理的区域を原産地とするものであることを表示し又は示唆する手段の使用を防止するための法的手段を確保しなければならない。[H27-21]　☞(4)答○

❏ 加盟国は、利害関係を有する者の申立てにより、地理的表示から構成される商標の登録であって、当該地理的表示に係る領域を原産地としない商品についてのものを、いかなる場合も拒絶し又は無効とする。[H10-3]　☞(5)答×

❏ 加盟国は、利害関係を有する者に対し、真正の原産地が表示される場合又は地理的表示が翻訳された上で使用される場合若しくは「種類」、「型」、「様式」、「模造品」等の表現を伴う場合においても、ぶどう酒又は蒸留酒を特定する地理的表示が当該地理的表示によって表示されている場所を原産地としないぶどう酒又は蒸留酒に使用されることを防止するための法的手段を確保しなければならない。[H28-条約9]　☞(6)答○

8 意 匠 (1)

1 意匠の保護要件 (25条1)

(1)加盟国は、独自に創作された<u>新規性</u>又は<u>独創性</u>がある意匠の保護について定める。

⇨独自に創作されたことが必要である点に注意せよ。

(2)意匠が<u>既知の意匠</u>又は既知の意匠の<u>主要な要素の組合せ</u>と著しく異なるものでない場合には、当該意匠は、<u>新規性</u>又は独創性がないものと定めることができる。

⇨<u>裁量規定</u>であり、意匠が既知の意匠等と著しく異なるものでない場合でも、<u>保護</u>を与えることは認められる。

(3)加盟国は、<u>技術的</u>又は<u>機能的</u>考慮により特定される意匠について、保護が及んではならないことを定めることができる。

⇨<u>裁量規定</u>であり、このような意匠にも<u>保護</u>を与えることは認められる。

2 繊維の意匠の保護要件 (25条2)

(4)<u>繊維の意匠</u>の保護を確保するための要件は、保護を求め又は取得する<u>機会</u>を不当に害するものであってはならない。

(5)繊維の意匠について、上記の機会を害さないとする義務は、<u>意匠法</u>又は<u>著作権法</u>により履行することができる。

⇨著作権と同様に<u>無審査</u>で保護してもよく、特許と同様に<u>登録</u>により保護してもよいという趣旨であり、意匠法・著作権法以外による履行も<u>許容</u>される。

6章

意

匠

(1)

○ 出た過去問！出る予想問！ **目標 4 分で答えよう** ○

❏ TRIPS 協定では、意匠が保護されるためには、意匠が<u>新規かつ独創的</u>であることが必要である。[予想問]　☞(1)答×

❏ 加盟国は、意匠が既知の意匠又は既知の意匠の主要な要素の組合せと著しく異なるものでない場合には、当該意匠を保護しないことができる。[H17-55]　☞(2)答○

❏ 加盟国は、主として技術的又は機能的考慮により特定される意匠については、意匠の保護が及んではならないことを<u>定めなければならない</u>。[H20-36]　☞(3)答×

❏ 加盟国は、繊維の意匠の保護を確保するための要件が保護を求め又は取得する機会を不当に害しないことを確保しなければならない。[H14-3]　☞(4)答○

❏ 加盟国は、繊維の意匠の保護を確保するための要件が保護を求め又は取得する機会を不当に害しないことを確保しなければならず、そのような義務を<u>意匠法によって履行しなければならない</u>。[H17-55]　☞(5)答×

❏ 加盟国は、繊維の意匠の保護を確保するための要件が保護を求め又は取得する機会を不当に害しないことを確保しなければならず、そのような義務を<u>意匠法又は著作権法によって履行しなければならない</u>。[予想問]　☞(5)答×

9 意匠⑵／特許の対象⑴

1 意匠権の内容 (26条1・2)

(1)意匠権に認められる排他的効力の内容は、保護されている意匠の複製又は実質的に複製である意匠に係る製品の製造・販売・輸入を防止するものである。

⇨輸出・使用、販売の申出は、規定されていない。特許では、使用、販売の申出は規定されているが、輸出は規定されていない(28条1)。

(2)加盟国は、次の要件を全て満たす場合、意匠の保護について限定的な例外を定めることができる。

①第三者の正当な利益を考慮すること。

②保護されている意匠の通常の実施を不当に妨げないこと。

③保護されている意匠の権利者の正当な利益を不当に害さないこと。

2 意匠権の保護期間 (26条3)

(3)意匠権の保護期間は、少なくとも 10 年としなければならない。

⇨かつての我が国のように、保護期間を「登録から15年」や、現在の「出願から25年」としてもよいが、そのような義務はない。

⇨保護期間を 10 年未満とすることは許されない。

3 特許の対象 (27条1)

(4)特許は、新規性・進歩性・産業上の利用可能性のある全ての技術分野の発明について与えられる。

⇨発明の対象が物であるか方法であるかを問わない。

○ 出た過去問！出る予想問！ **目標４分で答えよう** ○

❏ 特許は、排他的権利として、特許の対象が物である場合に、特許権者に特許権者の承諾を得ていない第三者による当該物の販売の申出を防止する権利を与えることが規定されている。しかし、保護されている意匠の権利者は、その承諾を得ていない第三者が、保護されている意匠の複製又は実質的に複製である意匠を用いており又は含んでいる製品を商業上の目的で販売の申出をすることを防止する権利を有することは規定されていない。［H29- 条約 9］　☞(1)答○

❏ 加盟国は、保護されている意匠の権利者に対し、その承諾を得ていない第三者が、保護されている意匠と同一又は実質的に同一の意匠を用いており又は含んでいる製品を商業上の目的で製造し、販売し又は輸入することを防止する権利を常に与えなければならない。［H17-55］　☞(2)答×

❏ 加盟国が、第三者の正当な利益を考慮し、意匠の保護について限定的な例外を定めるには、保護されている意匠の権利者の正当な利益を不当に害さなければ足りる。［H11-36］　☞(2)答×

❏ 加盟国は、意匠の保護期間を少なくとも 15 年としなければならない。［H17-55］　☞(3)答×

❏ 意匠の保護期間は、少なくとも 10 年とする。［H22-20］　☞(3)答○

❏ 加盟国が特許を与える義務を負うのは、新規性、進歩性、産業上の利用可能性のある全ての技術分野の物の発明に限られる。［予想問］　☞(4)答×

10 特許の対象(2)

1 公序良俗のための不特許事由 (27条2)

(1)次の2要件を満たす場合、加盟国は、公序良俗を守ることを目的として、発明を特許の対象から除外することができる。

①その商業的実施を自国の領域内で防止する必要があること。

②その実施を国内法で禁止していることのみが理由でないこと。

⇨公序良俗違反の場合は、特許の対象から除外することができる。

⇨公序良俗には、人・動物・植物の生命・健康を保護し、又は環境に対する重大な損害を回避することを含む。

2 その他の不特許事由 (27条3)

(2)人又は動物の治療のための診断方法・治療方法・外科的方法は、特許の対象から除外することができる。

⇨裁量規定であり、特許の対象から除外しなければならないわけではない。

(3)微生物以外の動植物自体は、特許の対象から除外することができる。

⇨微生物は、特許の対象から除外できない。

(4)植物品種は、保護が義務付けられている。

⇨特許若しくは効果的な特別の制度(囫種苗法)、又はこれらの組み合わせによって保護することが認められる。

学習日	月　日	月　日	月　日	月　日
正答数	／7	／7	／7	／7

● 出た過去問！ 出る予想問！ 目標 **4** 分で答えよう ●

□ 加盟国は、公の秩序又は善良の風俗を守ることを目的として、商業的な実施を自国の領域内において防止する必要がある発明を特許の対象から除外することができる。ただし、その除外が、単に当該加盟国の国内法令によって当該実施が禁止されていることを理由として行われたものでないことを条件とする。[H21-50]　　　　　　☞(1)答○

□ 加盟国は、公の秩序又は善良の風俗を守ることを目的として、商業的な実施を自国の領域内において防止する必要がある発明を特許の対象から除外することができるが、人、動物若しくは植物の生命若しくは健康を保護し又は環境に対する重大な損害を回避することは、ここでいう公の秩序又は善良の風俗を守ることに含まれない。[H30- 条約 9]　　☞(1)答×

□ 加盟国は、人又は動物の治療のための診断方法を特許の対象から除外しなければならない。[H20-23]　　☞(2)答×

□ 加盟国は微生物を特許の対象から除外することができる。[予想問]　　　　　　　　　　　　　　☞(3)答×

□ 加盟国は、植物の品種の保護について定めることを義務づけられていない。[H20-23]　　　　　　☞(4)答×

□ 加盟国は、植物の品種の保護について定めることを義務付けられており、植物の品種は特許で保護しなければならない。[予想問]　　　　　　　　　　　☞(4)答×

□ 加盟国は、植物の品種の保護について、特許と効果的な特別の制度の組み合わせによる保護を定めることができる。[予想問]　　　　　　　　　　　　☞(4)答○

1 物の発明の権利 (28条1 (a))

(1) 物の発明の特許に与えられる排他的権利は、当該物の生産・使用・販売の申出・販売、又はこれらを目的とする輸入を防止する権利である。

⇨ 輸出は含まれていない点に注意せよ。

(2) 物の発明の排他権には、輸入を防止する権利が含まれるが、他国で正当に販売された物を輸入する場合に侵害とするか否かは、6条の規定 (消尽) に従い、国内法の判断による。

⇨ 輸入防止の規定を国際消尽の根拠としてはならず、6条の規定により、消尽を条約の問題とすることはできない。

(3) 「譲渡」「譲渡の申出」ではなく、「販売」「販売の申出」という文言が使用されていることに注意を要する。

⇨ 譲渡は、販売よりも広い概念である。国内法では、「譲渡」と規定されている (特2条3項1号参照)。

2 方法の発明の権利 (28条1 (b))

(4) 方法の発明の特許に与えられる排他的権利は、当該方法の使用の防止のほか、当該方法により少なくとも直接得られた物の使用・販売の申出・販売、又はこれらを目的とする輸入を防止する権利である。

⇨ ①間接的に得られた物についての規定、②直接的に得られた物の輸出についての規定は、存在しない。

3 特許権の譲渡・ライセンス (28条2)

(5) 特許権は、譲渡又は承継による移転が認められている。

⇨ 移転を「一般承継」に限り認めることは、許されない。

(6) 特許権者は、実施許諾をすることが認められている。

学習日	月　日	月　日	月　日	月　日
正答数	／6	／6	／6	／6

出た過去問！出る予想問！ 目標 4 分で答えよう

❏ 特許権者に対しては、特許の対象が物である場合には、特許権者の承諾を得ていない第三者による当該物の輸出を防止する排他的権利を与えなければならない。[H20-23]

☞(1)答✕

❏ 本協定は、特許権者の承諾を得ていない第三者が販売等の目的で特許製品を輸入することを防止する権利を特許権者に与えることを加盟国に義務づける規定を有するが、この規定は、本協定に係る紛争解決においては、特許権の消尽に関する問題を取り扱うために用いられることはない。[H14-3]　　　　　　　　　　　　　　　☞(2)答〇

❏ 特許の対象が物の発明である場合には、特許権者の承諾を得ていない第三者による当該物の譲渡を防止する排他的権利がある旨、規定されている。[予想問]　☞(3)答✕

❏ 特許権者に対しては、特許の対象が方法である場合には、特許権者の承諾を得ていない第三者による当該方法の使用を防止し及び当該方法により少なくとも直接的に得られた物の使用、販売の申出若しくは販売又はこれらを目的とする輸入及び輸出を防止する権利を与えなければならない。[H21-39]　　　　　　　　　　　　　　　☞(4)答✕

❏ 加盟国は、特許権の移転について、相続その他の一般承継の場合に限り認めるものと定めることは許されない。[H18-11]　　　　　　　　　　　　　　　　　　　☞(5)答〇

❏ 特許権者はライセンスにより第三者に実施させることができる旨、TRIPS 協定では規定されている。[予想問]

☞(6)答〇

1 発明の開示要求（29条1第1文）

(1)加盟国は、出願人に対し、その発明をその技術分野の専門家が実施できる程度に、明確かつ十分に開示することを要求する。

⇨これは、各加盟国の義務である。

2 ベストモードの開示要求（29条1第2文）

(2)加盟国は、出願人に対し、出願日又は優先日に、発明者が知っている発明を実施するための最良の形態（ベストモード）を示すことを要求することができる。

⇨優先権主張を伴う場合には、出願日ではなく優先日のベストモードが要求の対象となる。

⇨これは裁量規定であって、ベストモードの開示を要求する義務はない。

3 情報提供の要求（29条2）

(3)加盟国は、特許出願人に対し、外国における出願及び特許の付与に関する情報を提供するよう要求することができる。

⇨裁量規定であって、情報提供を要求する義務はない。

4 効力の制限（30条）

(4)第三者の正当な利益を考慮し、特許の通常の実施を不当に妨げず、特許権者の正当な利益を不当に害さなければ、排他的権利について限定的な例外を定めることができる。

学習日	月　日	月　日	月　日	月　日
正答数	／6	／6	／6	／6

出た過去問！出る予想問！ 目標 **4** 分で答えよう

❑ 加盟国は、特許出願人に対し、その発明をその技術分野の専門家が実施することができる程度に明確かつ十分に開示することを要求する。[H30- 約条 10]　　☞(1)答○

❑ 加盟国は、特許出願人に対し、出願日、又は、優先権が主張される場合には当該優先権に係る出願の日において、<u>出願人が知っている</u>当該発明を実施するための最良の形態を示すことを要求することができる。[予想問]　　☞(2)答×

❑ 加盟国は、特許出願人に対し、出願日又は、優先権が主張される場合には、当該優先権に係る出願の日において、発明者が知っている当該発明を実施するための最良の形態を示すことを<u>要求しなければならない</u>。[H19-38]　　☞(2)答×

❑ 加盟国は、特許出願人に対し、外国における出願及び特許の付与に関する情報を提供することを<u>要求しなければならない</u>。[H27-21]　　☞(3)答×

❑ 加盟国は、特許出願人に対し、外国における出願及び特許の付与に関する情報を提供することを要求することができる。[H22-20]　　☞(3)答○

❑ 加盟国は、第三者の正当な利益を考慮し、特許により与えられる排他的権利について限定的な例外を定めることができる。ただし、特許の通常の実施を不当に妨げず、かつ、特許権者の正当な利益を不当に害さないことを条件とする。[H22-31]　　☞(4)答○

1 強制実施権の許諾の個別性 (31条(a))

(1)特許権者の許諾を得ていない他の使用（強制実施権）を認めるにあたっては、個々の案件ごとの必要性が考慮される。

2 強制実施権の協議前置 (31条(b))

(2)強制実施権を認めるには、原則として、当該特許に対する事前のライセンス交渉が必要である。

(3)国家緊急事態等や公的な非商業的使用の場合は、事前の交渉は不要である。

⇨この場合、特許権者に対する通知義務がある。

3 強制実施権の設定の範囲 (31条(c))

(4)強制実施権等を設定する範囲及び期間は、許諾の目的に応じて限定される。

(5)半導体技術に関する特許については、次のいずれかの目的の場合に限り、強制実施権を許諾できる。

　①公的な非商業的目的の場合。

　②反競争的行為を是正する目的の場合。

4 強制実施権の効力 (31条(d))

(6)強制実施権は、非排他的なものでなければならない。

5 強制実施権の譲渡 (31条(e))

(7)強制実施権を譲渡できるのは、当該強制実施権を享受する企業又は営業の一部と共にする場合に限られる。

6章

強制実施権(1)

● 出た過去問！　出る予想問！　**目標 4 分で答えよう** ●

❏ 特許についてのいわゆる強制実施権に関し、使用者となろうとする者は、<u>いかなる場合も</u>、合理的な商業上の条件の下で特許権者から許諾を得る努力を行う<u>義務はない</u>。[H23-18]　　　　☞(2)答✕

❏ 特許のいわゆる強制実施権は、<u>いかなる場合も</u>、事前に、使用者となろうとする者が合理的な商業上の条件の下で特許権者から許諾を得る努力を行って、合理的な期間内にその努力が成功しなかった<u>場合に限り</u>、認めることができる。[H25-44]　　　　☞(3)答✕

❏ 特許のいわゆる強制実施権の範囲及び期間は、許諾された目的に対応して限定される。[H22-20]　　　　☞(4)答○

❏ 半導体技術に係る特許については、特許についてのいわゆる強制実施権は、公的な非商業的目的のため又は司法上若しくは行政上の手続の結果、反競争的と決定された行為を是正する目的のために限られる。[H23-18]　　　　☞(5)答○

❏ 特許についてのいわゆる強制実施権は、<u>排他的なものとすることができる</u>。[H20-36]　　　　☞(6)答✕

❏ 特許についてのいわゆる強制実施権は、<u>いかなる場合も</u>、<u>譲渡可能なものとしなければならない</u>。[H20-36]　☞(7)答✕

❏ 強制実施権は、当該強制実施権を享受する企業又は営業の一部と共に譲渡する場合でなくても、<u>譲渡できることがある</u>。[H16-3]　　　　☞(7)答✕

14 強制実施権(2)

1 国内市場と強制実施権の許諾 (31条(f))

(1)強制実施権の許諾は、主として国内市場の供給のためになされる。

⇨例外的に、所定条件下で、医薬品の生産・輸出のために強制実施許諾をすることができる (31条の2)。

2 強制実施権の消滅 (31条(g))

(2)強制実施権等を許諾するに至った状況が消滅し、かつ再発しそうにもない場合には、原則として、当該強制実施権等の設定を取り消すことができる。

3 強制実施権と報酬の支払い (31条(h))

(3)強制実施権等について、その許諾の経済的価値を考慮し、特許権者に適当な報酬を支払わなければならない。

⇨政府等の公的な非商業的使用でも、支払う必要がある。

4 強制実施権と不服申立て (31条(i)・(j))

(4)強制実施権の許諾決定の有効性や報酬額の決定は、司法上の審査又は他の独立の審査に服する。

⇨司法上の審査に限られない点に注意せよ。

⇨「他の独立の審査」は、別個の上級機関によるものに限る。

5 利用関係の強制実施権 (31条(l))

(5)自己の特許（第二特許）の実施のために、必然的に他人の特許（第一特許）を侵害するような発明について、強制実施権の許諾がされる場合がある。

⇨第一特許に強制実施権を許諾する場合、第二特許には、第一特許との関係で相当の経済的重要性を有する技術の進歩が必要である。

◎ 出た過去問！ 出る予想問！ **目標 4 分で答えよう** ◎

❏ 特許についてのいわゆる強制実施許諾は、主として当該許諾をする加盟国の国内市場への供給のためである場合に限るという義務は、TRIPS協定の附属書に定める条件に従い、加盟国Xが、輸入する資格を有する加盟国Yのために医薬品を生産し、及びそれを加盟国Yに輸出するために必要な範囲において加盟国Xが与える強制実施許諾については、適用しない。［H30- 条約9］　　　☞(1)答○

❏ 加盟国は、特許についてのいわゆる強制実施権について、その許諾をもたらした状況が存在しなくなり、かつ、その状況が再発しそうにない場合には、即時かつ無条件でこれを取り消さなければならない。［H23-18］　　　☞(2)答×

❏ 加盟国は、特許についてのいわゆる強制実施権について、許諾の経済的価値を考慮し、特許権者が個々の場合における状況に応じ適当な報酬を受けられるようにしなければならない。［H20-23］　　　☞(3)答○

❏ 特許のいわゆる強制実施権の許諾に関する決定の法的な有効性は、加盟国において独立した行政機関が審査するのではなく、司法機関が審査しなければならない。［H25-44］　☞(4)答×

❏ 他の特許を侵害することなしには実施することができない特許の実施を可能にするために、いわゆる強制実施権が許諾されてはならない。［H24-21］　　　☞(5)答×

❏ 第二特許の実施を可能にするために、いわゆる強制実施権を許諾する場合には、第二特許に係る発明に、第一特許との関係において同等の経済的重要性を有する技術の進歩が含まれていなければならない。［予想問］　　　☞(5)答×

1 取消し又は消滅 (32条)

(1)特許を取り消し、特許権を消滅させる決定には、<u>司法上</u><u>の審査</u>の機会が与えられる。

⇨強制実施権の有効性や額についての審査(31条(i)・(j))と異なり、必ず司法上の審査の機会が与えられる。

2 保護期間 (33条)

(2)特許の保護期間は、<u>出願日</u>から計算して <u>20</u> 年の期間が満了する間に終了してはならない。

⇨それ以上の期間とすることは許容される。

3 方法の特許の立証 (34条1(a))

(3)特許を受けた方法によって得られた物に<u>新規性</u>がある場合には、反証のない限り、当該物は、当該<u>方法</u>によって得られたものと推定する。

⇨推定であって、<u>みなし</u>ではない点に注意せよ。

4 営業秘密の要件 (39条2・3)

(4)<u>非開示</u>の情報が営業秘密として保護されるためには、次の要件を満たす必要がある。

①<u>自己</u>が管理する情報であること。

②<u>秘密</u>の情報であること。

③秘密であることにより<u>商業的価値</u>があること。

④<u>秘密保持</u>の措置が講じられていること。

(5)加盟国は、<u>医薬品</u>又は<u>農薬用の化学品</u>の販売の承認申請の際に、政府当局に提出する非開示の試験データ等について、<u>不公正な商業的使用</u>から保護する。

学習日	月　日	月　日	月　日	月　日
正答数	／6	／6	／6	／6

● 出た過去問！ 出る予想問！ 目標 **4** 分で答えよう ●

❏ 特許を取り消し又は特許権を消滅させる決定については、司法上又は<u>行政上の審査</u>の機会が与えられなければならない。[H19-38]　　　　　　　　　　　　　☞(1)答✕

❏ 特許を取り消し又は特許権を消滅させる決定については、司法上の審査の機会が与えられなければならない。[H25-44]　　　　　　　　　　　　　　　　　☞(1)答○

❏ 特許の保護期間は、出願日から 20 年をもって<u>終了しなければならない</u>。[H16-3]　　　　　　　　　☞(2)答✕

❏ 加盟国は、特許を受けた方法によって得られたものが新規性のある物である場合には、特許権者の承諾を得ないで生産された同一の物について、特許を受けた方法によって得られたものと<u>みなす</u>ことを定める。[H18-11]　☞(3)答✕

❏ 非開示の情報が保護されるためには、当該情報が所定の意味において秘密であること、秘密であることにより商業的価値があること、当該情報を秘密として保持するための所定の措置が講じられていることに加えて、当該情報が自己の管理するものであることが必要である。[予想問]

☞(4)答○

❏ 加盟国は、新規性のある化学物質を利用する医薬品又は農業用の化学品の販売の承認の条件として、作成のために相当の努力を必要とする開示されていない試験データその他のデータの提出を要求する場合には、不公正な商業的使用から当該データを保護する。[H30- 条約 9]　　☞(5)答○

1 権利行使の際の公正かつ公平な手続(42条)

(1)加盟国は、知的所有権の権利者が民事上の司法手続を利用可能とするようにしなければならない。この際、当事者には、所定の手続保障が認められる。

⇨手続保障として、①書面による通知を適時に受ける権利、②弁護人の選任権、③義務的出頭に対して過度の要件を課されないこと、④証拠提出権等が認められる。

2 証　拠(43条)

(2)一方当事者がその主張を十分裏付ける合理的に入手可能な証拠を提出し、かつ、他方当事者の有するその裏付けに関連する証拠を特定した場合は、司法当局は、特定された証拠の提示を命ずる権限を有する。

⇨特定された証拠であり、十分な証拠ではない。

(3)手続の一方当事者が、必要な情報の提供を、故意にかつ十分な理由なく提出しない場合等には、加盟国は、当事者への意見陳述の機会付与を条件として、提出された情報に基づいて暫定的及び最終的な決定を行う権限を、司法当局に与えることができる。

⇨裁量規定であり、義務ではない。

3 差止命令(44条1)

(4)司法当局は、知的所有権侵害に対する差止め、特に輸入物品についての差止めを命ずる権限を有する。

⇨侵害であることを取得・注文前に知らないか、知らないことに合理的な理由がある場合には、差止めを命ずる権限を与えなくてもよい。

学習日	月　日	月　日	月　日	月　日
正答数	／4	／4	／4	／4

◉ 出た過去問！
出る予想問！ 目標 **4** 分で答えよう ◉

❏ 加盟国は、この協定が対象とする知的所有権の行使に関し、民事上の司法手続を権利者に提供する。被申立人は、十分に詳細な内容（主張の根拠を含む。）を含む書面による通知を適時に受ける権利を有する。当事者は、独立の弁護人を代理人とすることが認められるものとし、また、手続においては、義務的な出頭に関して過度に重い要件を課してはならない。[H27-53]　　　　　　　　☞(1)答〇

❏ 一方の当事者がその主張を十分裏付ける合理的に入手可能な証拠を提出し、かつ、他方の当事者の有する当該主張の裏付けに関連する証拠を特定した場合は、司法当局は、他方の当事者に十分な証拠の提示を命ずる権限を有する。[予想問]　　　　　　　　　　　　　　　　☞(2)答×

❏ 手続の一方の当事者が必要な情報の利用の機会を故意にかつ十分な理由なしに拒絶し若しくは合理的な期間内に必要な情報を提供せず又は行使に関連する手続を著しく妨げる場合には、加盟国は、双方の当事者が主張又は証拠に関し意見を述べる機会を与えられたか否かに関係なく、提供された情報に基づいて、暫定的及び最終的な決定を行う権限を司法当局に与えなければならない。[H21-39]　☞(3)答×

❏ 関係者が知的所有権の侵害物品であることを取得前に知らないか、又は知らないことについて合理的な理由がある場合には、司法当局は、当該侵害物品に関して差止めを命じることができない。[予想問]　　　　　　　　　　☞(4)答×

1 損害賠償⑴：過失賠償責任（45条1・2第1文）

(1)司法当局は、侵害活動を行っていることを知っていたか、知ることができる合理的な理由を有していた侵害者に対し、権利者が被った損害の補償に適当な賠償を命じる権限を有する。

⇨過失賠償責任の制度の採用は、各加盟国の義務に近い規定である。

⇨十分な賠償ではなく適当な賠償である点に注意。

(2)司法当局は侵害者に対して、弁護人の費用を含む費用の支払いを命じる権限を有する。

⇨各国の裁量ではない。

2 損害賠償⑵：無過失賠償責任（45条2第2文）

(3)加盟国は、侵害であることを知らなかったか、知ることができる合理的な理由を有していなかった侵害者に対して、利益の回復又は法定の損害賠償を命ずる権限を司法当局に与えることができる。

⇨無過失賠償責任の制度の採用は、各加盟国の裁量である。

3 付帯請求（46条）

(4)司法当局は、侵害の効果的な抑止のため、侵害物品等を流通経路から排除し、又は現行の憲法上の要請に反しない限り、廃棄することを命ずる権限を有する。

⇨我が国では、特100条2項等により実現されている。

(5)不正商標商品については、例外的な場合を除き、違法に付された商標を単に除去することにより流通経路に流入させることは、認められない。

学習日	月　日	月　日	月　日	月　日
正答数	／4	／4	／4	／4

● 出た過去問！ 出る予想問！ **目標 4 分で答えよう** ●

☐ 司法当局は、侵害活動を行っていることを侵害者が知って いたか否かにかかわらず、侵害者に対し、知的所有権の侵 害によって権利者が被った損害を補償するために適当な賠 償を当該権利者に支払うよう命ずる権限を有する。[H27-53]

☞(1)答✕

☐ 司法当局が、侵害者に対し、費用（適当な弁護人の費用を 含むことができる。）を権利者に支払うよう命ずる権限を 有するか否かは、加盟国の裁量に委ねられている。[H23-48]

☞(2)答✕

☐ 加盟国は、侵害者が侵害活動を行っていることを知らなか ったとき又は知ることができる合理的な理由を有していな かったときは、いかなる場合においても、利益の回復又は 法定の損害賠償の支払を命ずる権限を司法当局に与えるこ とができない。[H22-20]　　　　　　　　　　☞(3)答✕

☐ 加盟国の司法当局は、不正商標商品については、いかなる 場合でも、違法に付された商標の単なる除去により流通経 路への商品の流入を認めることができる。[H29- 条約 10]

☞(5)答✕

18 情報に関する権利／暫定措置(1)

必ず出る！基礎知識　目標6分で覚えよう

1　情報に関する権利（47条）

(1)加盟国は、侵害に関与した第三者を特定する事項や、侵害物品等の流通経路を権利者に通報するよう侵害者に命ずる権限を、司法当局に与えることができる。

⇨権限を与えるか否かは、加盟国の裁量である。

2　損害を被った当事者に対する賠償（48条1）

(2)司法当局は、当事者に対し、その申立てにより措置がとられ、かつ、当該当事者の行使手続が濫用である場合、その濫用によって損害を被った当事者に対する賠償や費用の支払を命じる権限を有する。

3　暫定措置の目的（50条1）

(3)司法当局は、次のことを目的として、迅速かつ効果的な暫定措置をとることを命ずる権限を有する。

①知的所有権の侵害の発生を防止すること。

⇨特に、管轄内の流通経路への流入防止が主目的となる。

②申し立てられた侵害に関連する証拠を保全すること。

4　無審尋での暫定措置（50条2）

(4)司法当局は、適当な場合には、他方の当事者に意見を述べる機会を与えることなく、暫定措置をとる権限を有する。

⇨「適当な場合」として、特に次の2つが例示されている。

①遅延により権利者に回復できない損害が生ずるおそれがある場合。

②証拠が破棄される明らかな危険がある場合。

⇨「適当な場合」に該当するときは、他方の当事者の意見を述べる機会を与えずに暫定措置をとることができる。

学習日	月 日	月 日	月 日	月 日
正答数	／5	／5	／5	／5

出た過去問！ 出る予想問！ 目標 **4** 分で答えよう

❏ 加盟国は、司法当局が、侵害の重大さとの均衡を失しない限度で、侵害者に対し、侵害物品又は侵害サービスの生産又は流通に関与した第三者を特定する事項及び侵害物品又は侵害サービスの流通経路を権利者に通報するよう命ずる権限を有する旨定めなければならない。[H14-48] ☞(1)🗝×

❏ 司法当局は、当事者に対し、その申立てにより措置がとられ、かつ、当該当事者が行使手続を濫用した場合には、その濫用により不法に要求又は制約を受けた当事者が被った損害に対する適当な賠償を支払うよう命ずる権限を有する。
[H23-48] ☞(2)🗝○

❏ 司法当局は、物品が管轄内の流通経路へ流入することを防止すること（輸入物品が管轄内の流通経路へ流入することを通関後直ちに防止することを含む。）を目的として迅速かつ効果的な暫定措置をとることを命ずる権限を有する。
[H24-21] ☞(3)🗝○

❏ 司法当局は、申し立てられた侵害に関連する証拠を保全することを目的として迅速かつ効果的な暫定措置をとることを命ずる権限を有する。[H22-20] ☞(3)🗝○

❏ 司法当局は、遅延により権利者に回復できない損害が生ずるおそれがある場合で、かつ、証拠が破棄される明らかな危険がある場合に限り、他方の当事者に意見を述べる機会を与えることなく、暫定措置を取る権限を有する。[H21-50]
☞(4)🗝×

1　　当事者の意見を聴かずに暫定措置をとった場合 (50条4)

(1)他方の当事者が意見を述べる機会を与えられることなく
暫定措置がとられた場合、利害関係を有する当事者は、
最も遅い場合においても暫定措置の実施後遅滞なく通知
を受け、その後に暫定措置について争う機会が認められ
ている。

2　　暫定措置後の損害賠償請求 (50条7)。

(2)暫定措置が取り消された場合、暫定措置が申立人の作為
又は不作為によって失効した場合等には、司法当局は、
被申立人の申立てにより、暫定措置の申立人に対し損害
賠償の支払を命じる権限を有する。

3　　税関当局による物品の解放の停止 (51条)

(3)加盟国は、不正商標商品・著作権侵害物品の流通への解
放を税関当局が停止するよう、行政上又は司法上の権限
のある当局に対し、書面により申立てを提出する手続を
採用する。

⇨加盟国には、当該手続の採用が義務付けられる。

⇨申立てに際して、商標権者による商標の使用は、義務付
けられていない。

(4)上記(3)の手続義務は、特許権侵害物品や意匠権侵害物品
については、規定されていない。

⇨これらに対しても商標権や著作権と同じような手続を採
用することは許容されるが、義務ではない。

(5)不正商標商品とは、商標同一・商品同一のものをいい、
類似のものは含まない (51条注1(a))。

○ 出た過去問！ 出る予想問！ 目標 **4** 分で答えよう ○

❏ 暫定措置が他方の当事者が意見を述べる機会を与えられる ことなくとられた場合には、影響を受ける当事者は、最も 遅い場合においても、当該暫定措置の実施後遅滞なく通知 を受ける。[H24-21]　　　　　　　　　　　　☞(1)答○

❏ 暫定措置が申立人の作為又は不作為によって失効した場合、 司法当局は、被申立人の申立てに基づき申立人に対し当該 暫定措置によって生じた損害に対する適当な賠償を支払う よう命ずる権限を有する。[H26-16]　　　　　☞(2)答○

❏ 加盟国は、不正商標商品が輸入されるおそれがあると疑う に足りる正当な理由を有する権利者が、当該商品の自由な 流通への解放を税関当局が停止するよう、行政上又は司法 上の権限のある当局に対し書面により申立てを提出するこ とができる手続を採用しなければならない。[H29-条約10]

☞(3)答○

❏ 加盟国は、特許権侵害商品が輸入されるおそれがあると疑 うに足りる正当な理由を有する権利者が、これらの物品の 自由な流通への開放を税関当局が停止するよう、行政上又 は司法上の権限のある当局に対し書面により申立てを提出 することができる手続を<u>採用しなければならない</u>。[H18-11]

☞(4)答×

❏ 不正商標商品とは、ある商品について有効に登録されている 商標と同一であり又はその基本的側面において当該商標と識 別できない商標を許諾なしに付した、当該商品と同一又は<u>類 似</u>の商品であって、輸入国の法令上、商標権者の権利を侵害 <u>するものをいう旨、規定されている</u>。[H11-36]　☞(5)答×

20 国境措置⑵

1 申立てに必要となるもの（52条）

(1)税関当局による物品の解放の停止（51条）を申し立てる権利者は、次のものを提出する必要がある。

　①当該権利者の知的所有権の侵害の事実があることを権限のある当局が一応確認するに足りる適切な証拠。

　②税関当局が容易に識別可能とするための物品に関する十分詳細な記述。

2 担保又は同等の保証（53条1）

(2)権限のある当局は、申立人に対し、被申立人及び権限のある当局を保護し、並びに濫用を防止するために十分な担保又は同等の保証を提供するよう要求する権限を有する。

⇨あくまで要求する権限を有するのであって、担保や保証の提供を要求する義務はない。

3 物品の解放の停止の通知及びその期間（54条、55条）

(3)輸入者及び申立人は、通関停止措置がなされた場合には、速やかに通知を受ける。

(4)申立人が通関停止の通知の送達を受けてから原則として10執務日以内に、本案手続の開始又は当局による通関停止の延長の暫定措置の通報が税関当局になされなかった場合には、物品が解放される。

⇨但し、輸入又は輸出のための他の全ての条件を満たしてい場合に限る。

⇨「10執務日」は、適当な場合には、さらに10執務日延長することができる。

学習日	月　日	月　日	月　日	月　日
正答数	／4	／4	／4	／4

出た過去問！
出る予想問！ **目標 4 分で答えよう**

❏ 申立人は、輸入国の法令上、当該申立人の知的所有権の侵害の事実があることを権限のある当局が一応確認するに足りる適切な証拠を提出し、及び税関当局が容易に識別することができるよう物品に関する十分詳細な記述を提出しなければならない。[H17-29]　　　　　　　　　　☞(1)答〇

❏ 権限のある当局は、申立人に対し、被申立人及び権限のある当局を保護し並びに濫用を防止するために十分な担保又は同等の保証を提供するよう<u>要求しなければならない</u>。
[H17-29]　　　　　　　　　　　　　　　　　　☞(2)答✕

❏ 著作権侵害物品について、著作権者の申立てによって侵害物品の解放が停止された場合、かかる停止について速やかに通知を受けるべき者は、申立人たる著作権者であり、<u>輸入者</u>は、著作権者による権利行使の便宜のために、<u>一定期間経過後にしか解放の停止の通知を受けることはできない</u>。
[H15-39]　　　　　　　　　　　　　　　　　　☞(3)答✕

❏ 申立人が物品の解放の停止の通知の送達を受けてから 10 執務日（適当な場合には、この期間は、10 執務日延長することができる。）を超えない期間内に、税関当局が、本案についての決定に至る手続が被申立人以外の当事者により開始されたこと又は正当に権限を有する当局が物品の解放の停止を延長する暫定措置をとったことについて通報されなかった場合には、当該物品は、解放されるが、このような解放がされるのは、<u>輸入又は輸出のための他のすべての条件が満たされている場合に</u><u>限られるわけではない</u>。
[H17-29]　　　　　　　　　　　　　　　　　　☞(4)答✕

1 物品の輸入者及び所有者に対する賠償(56条)

⑴関係当局は、物品の不法な留置等によって生じた損害について、通関停止の申立人に対し、適当な賠償を支払うよう命ずる権限を有する。当該損害賠償金を受け取るのは、物品の輸入者・荷受人・所有者である。

2 点検・情報に関する権利(57条)

⑵加盟国は、秘密情報の保護を害さない範囲で、権限ある当局に対し、権利者が自己の主張の立証のため税関に留置された物品について点検を行う十分な機会を与える権限を付与する義務がある。そして、当該当局は、輸入者に対しても、同等の点検の機会を与える権限を有する。

⇨本案について肯定的な決定が行われた場合には、加盟国は、権限のある当局に対し、①当該物品の荷送人・輸入者・荷受人の名称・住所、②当該物品の数量を、権利者に通報する権限を付与することができる。

3 救済措置(59条)

⑶権限のある当局は、所定の条件下で、侵害物品の廃棄又は処分を命ずる権限を有する。

⇨不正商標商品については、例外的な場合を除き、変更のない状態で積戻しを認めることができない。

4 少量の輸入(60条)**・刑事上の手続**(61条)

⑷加盟国は、旅行者の手荷物に含まれるか、小型貨物で送られる少量の非商業的な性質の物品については、通関停止措置の対象外とすることができる。

⑸故意の商標権・著作権侵害は刑事罰の対象。その他は裁量。

● 出た過去問！ 出る予想問！ 目標 **4** 分で答えよう ●

❏ 関係当局は、物品の不法な留置によって生じた損害につき、申立人に対し、物品の輸入者、荷受人及び所有者に適当な賠償を支払うよう命じなければならない。[H17-29]

☞(1)答✕

❏ 世界貿易機関加盟国は、ある物品について、知的所有権が侵害されているとの本案についての肯定的な決定が行われた場合には、権限のある当局に対し、当該物品の荷送人、輸入者及び荷受人の名称及び住所並びに当該物品の数量を権利者に通報する権限を付与することができる。[H15-39]

☞(2)答○

❏ 加盟国の権限のある当局は、不正商標商品については、いかなる場合でも、変更のない状態で侵害商品の積戻しを許容し又は異なる税関手続きに委ねてはならない。[H29-条約10]

☞(3)答✕

❏ 世界貿易機関加盟国は、旅行者の手荷物に含まれる少量の不正商標商品であっても、それが商業的な性質を有する物品である場合には、商標権者がかかる物品の税関当局による解放を停止するように申立書を提出することができる手続を、商標権者のために採用しなければならない。[H15-39]

☞(4)答○

❏ 加盟国は、故意にかつ商業的規模で特許権の侵害が行われる場合において適用される刑事上の手続及び刑罰を定めなければならない。[H21-39]

☞(5)答✕

❏ 商標の不正使用について過失の場合、刑事罰を適用する義務はない。[予想問]

☞(5)答○

マドリッド協定
議定書

1 国際登録による保護

1 国際登録による保護を受けることができる者

(1)国際登録を受けるためには、締約国・締約国際機関の官庁に基礎出願又は基礎登録がなければならない(2条(1))。

(2)基礎出願等がある締約国又は締約国際機関の構成国の国民の場合は、基礎出願等があれば、当該国内・構成国内の住所・営業所の有無は問われない(2条(1)(ⅰ)・(ⅱ))。

⇨上記の国民以外の場合は、基礎出願等がある国・国際機関の構成国に住所又は営業所を有していることが必要である。

(3)国際登録の対象は、標章であり、標章には、商標(商品商標)に加え、サービスマークも含まれる(2条(3))。

2 国際出願の提出先

(4)国際出願は、本国官庁を通じ、国際事務局に提出する(2条(2)、規則9(1))。

⇨国際事務局に対して直接出願をすることはできない。

3 国際出願の言語

(5)国際出願は、本国官庁の定めるところにより、英語、フランス語又はスペイン語でする必要がある(規則6(1))。

⇨日本国特許庁が本国官庁の場合には、英語に限られる。

4 基礎出願と国際出願の同一性

(6)本国官庁は、基礎出願等と国際出願の記載事項の同一性を証明する(3条(1)第2文)。

⇨同一性の証明事項には、主として①標章の同一性、②指定商品・指定役務の同一性、③出願人の同一性等がある(規則9(5)(d)参照)。

学習日	月　日	月　日	月　日	月　日
正答数	／6	／6	／6	／6

出た過去問！出る予想問！ 目標 **4** 分で答えよう

❑ 国際登録の出願は、締約国又は締約国際機関の官庁にされた標章登録のみならず、締約国又は締約国際機関の官庁に受理された標章登録出願をも基礎として、当該官庁を通じてすることができる。[H14-38]　　　　　　　　☞(1)啓○

❑ 締約国Ｘの国民は、他の締約国Ｙに住所を有していても、国際出願をする場合は、Ｘ国における標章登録出願又は標章登録を基礎出願又は基礎登録としなければならない。[H17-4]　　　　　　　　　　　　　　　☞(1)(2)啓×

❑ 締約国際機関の官庁にした出願を基礎出願とする場合でも、国際登録による保護を受けることができる者は、国である締約国の国民又は当該国である締約国に住所若しくは現実かつ真正の工業上若しくは商業上の営業所を有する者に限られる。[H22-48]　　　　　　　　　　☞(2)啓×

❑ マドリッド協定の議定書はパリ条約の特別取極であり、パリ条約では商標は商品商標を指すので、標章という場合には商品商標をいう。[予想問]　　　　　　　　　☞(3)啓×

❑ 日本国特許庁を本国官庁として国際出願をする場合は、英語によらなければならないが、他の国を本国官庁とする場合には、英語、フランス語又はスペイン語で国際出願をすることができる場合がある。[予想問]　　　　☞(5)啓○

❑ 本国官庁は、国際出願と基礎出願の記載事項が一致するかを証明するが、その証明事項は標章、指定商品・指定役務、出願人の同一性等である。[予想問]　　　　☞(6)啓○

1 願書の必要的記載事項

(1)国際出願の願書の必要的記載事項には、次のものがある。

①出願人の氏名又は名称。　②出願人のあて先。

③本国官庁による基礎出願・基礎登録の日・番号等。

④標章の図形的複製。

⑤国際登録を求める商品及びサービス。　⑥指定締約国。

⑦本国官庁による証明・署名等。

(2)ニース協定に基づく国際分類の類は、可能な場合に指定すれば足りる (3条(2))。

⇨ニース協定未加入の締約国もあるからである。

2 願書の任意的記載事項

(3)必要がある場合には、願書に、①代理人の氏名又は名称及びあて先、②パリ優先権を主張する旨の宣言、③標準文字による標章である旨の宣言、④色彩に係る主張等を記載する。

⇨色彩に係る主張をする場合には、①色彩を主張する旨の記載、②主張する色彩又はその組み合わせの明示的な特定、③色彩を施した写しの提出が必要である (3条(3))。

3 領域指定

(4)国際出願をする場合には、保護を求める締約国の指定(領域指定)をしなければならない (3条の3(1))。

⇨特許協力条約のような全指定制度をとっていないため、保護を求める国を個別に領域指定しなければならない。

⇨本国官庁の領域指定(自己指定)は、出願後を含め、することができない (3条の2但書)。

学習日	月 日	月 日	月 日	月 日
正答数	／6	／6	／6	／6

● 出た過去問！出る予想問！ 目標 **4** 分で答えよう ●

❏ 国際出願の願書には、出願人の氏名又は名称、出願人のあて先、本国官庁による基礎出願の日・番号、基礎登録の日・番号等、標章の図形的複製、国際登録を求める商品及びサービス等の他、可能な場合にはニース協定に基づく国際分類の類を記載する。[予想問] ☞(1)(2)答○

❏ 国際出願の出願人は、<u>必ず、</u>標章の登録のための商品及びサービスの国際分類に関するニース協定に規定する国際分類に従って１又は２以上の類を<u>指定しなければならない。</u>[H20-11] ☞(2)答✕

❏ 出願人は、標章の識別性のある特徴として色彩を主張する場合には、色彩を主張する旨を国際出願の願書に記載し、かつ、主張する色彩又はその組合せを国際出願に際して明示的に特定しなければならない。[H24-44] ☞(3)答○

❏ マドリッド協定の議定書は、特許協力条約と同じくパリ条約の特別取極であるから、<u>全指定制度が採用されており、</u>国際出願に際して保護を求める国を個別に指定する必要はない。[予想問] ☞(4)答✕

❏ 日本国民が、<u>日本国特許庁にした商標登録出願を基礎出願として</u>国際出願をした場合、国際出願時において日本を領域指定することはできないが、標章の国際登録の後であれば<u>日本を領域指定することができる。</u>[H17-4] ☞(4)答✕

❏ 本国官庁に当たる締約国を指定することはできない。[予想問] ☞(4)答○

1　事後指定

(1)出願人は、国際出願の際だけではなく、国際登録の後においても、領域指定（事後指定）をすることができる（3条の3(2)）。

2　国際事務局による審査

(2)国際出願の送付を受けた国際事務局は、方式要件の審査を行い、不備がなければ国際登録を行い、関係官庁に対して国際登録を通報する（3条(4)）。

⇨通報を受けた締約国の官庁は、パリ条約上援用可能な理由を備えているかどうかにつき実体審査を行い、所定期間内に当該締約国では保護できない旨の通報（拒絶通報）をすることができる（5条(1)）。

3　国際登録日の認定

(3)国際登録の日は、次のとおりとなる（3条(4)）。

①本国官庁が国際出願を受理した日から2月の期間内に国際事務局が国際出願を受理した場合は、本国官庁が国際出願を受理した日（到達日）。

②当該2月の期間満了後に国際事務局が国際出願を受理した場合は、国際事務局が国際出願を受理した日。

4　国際登録の効果

(4)国際登録された標章は、国際登録の日又は領域指定の記録の日から、関係締約国の官庁に直接求めていた場合と同一の保護が与えられる（4条(1)(a)第1文）。

⇨事後指定の場合は、事後指定が国際登録簿に記録された日から、上記効果が生じる（3条の3(2)）。

学習日	月　日	月　日	月　日	月　日
正答数	／5	／5	／5	／5

○ 出た過去問！ 出る予想問！ **目標4分で答えよう** ○

❏ 領域指定は、国際出願の際のみならず、その後にも行うことができる場合がある。［予想問］　　　　　　　☞(1)答○

❏ マドリッド協定の議定書において、国際事務局は適式な国際出願があった場合には、当該標章を、本国官庁が国際出願を受理した日（又は国際事務局が国際出願を受理した日）を国際登録の日として登録し、関係締約国の官庁に通報するが、関係締約国の官庁は、所定の期間内に、当該標章に対する保護を当該締約国においては与えることができない旨の通報を行うことができる。［H13-40］　　☞(2)(3)答○

❏ 本国官庁が国際出願を受理した日から2月の期間内に国際事務局が国際出願を受理したときは、当該本国官庁が受理した日を国際登録の日とし、当該2月の期間の満了後に国際事務局が国際出願を受理したときは、国際事務局が受理した日を国際登録の日とする。［H23-16］　　　　☞(3)答○

❏ マドリッド協定の議定書の規定に従って行われた標章の国際登録又は領域指定の記録の日から、当該標章は、関係締約国において、標章登録を当該関係締約国の官庁に直接求めていたならば与えられたであろう保護と同一の保護を与えられる。［H24-44］　　　　　　　　　　☞(4)答○

❏ 国際登録された標章は、国際登録の日から、関係締約国の官庁に直接求めていたならば与えられたであろう保護と同一の保護が与えられるが、いわゆる事後指定の場合は、事後指定が国際登録簿に記録された日からその効果が生じる。
［予想問］　　　　　　　　　　　　　　　　☞(4)答○

4 拒絶通報

1 拒絶通報の期間

(1)指定締約国の官庁が拒絶通報期間に拒絶の通報をしなかった場合、国際登録又は領域指定記録の日から、その標章が関係締約国の官庁による登録を受けていたならば与えられたであろう保護と同一の保護を与えられる（4条(1)(a)第2文）。

(2)拒絶通報期間は、国内法令で定める期間内で、かつ、国際事務局による領域指定通報日から1年（宣言により18月とすることが可能）である（5条(2)）。

2 拒絶通報の内容

(3)拒絶の通報は、パリ条約上援用可能な理由に基づく場合に限られる。この通報は、国際事務局に対し、全ての拒絶理由を記載した文書とともに行う（5条(2)(a)）。

⇨通報を受けた国際事務局は、遅滞なく、国際登録の名義人に対し、拒絶の通報の写しを送付する（5条(3)）。

⇨名義人は、①当該官庁に対して、補正書等を提出して応答できるほか（5条(3)第2文）、②国際事務局に対して、国際登録の指定商品等を限定するといった対応が可能。

3 拒絶通報がない場合

(4)拒絶通報期間内に、暫定的又は最終的な拒絶の通報を国際事務局に対し行わなかった官庁は、国際登録による標章の保護を拒絶する権利を失う（5条(5)）。

4 商品・サービスの類の指定

(5)商品及びサービスの類の指定は、標章に与える保護範囲の決定に際し、締約国を拘束しない（4条(1)(b)）。

学習日	月 日	月 日	月 日	月 日
正答数	／3	／3	／3	／3

出た過去問！
出る予想問！ 目標 **4** 分で答えよう

❏ 国際登録による標章の保護について国際事務局から領域指定の通報を受けた締約国の官庁は、関係法令が認める場合で、拒絶の通報をするときは、その法令に定める期間内に、かつ、国際事務局がその領域指定の通報を行った日から1年以内に、国際事務局に対し、すべての拒絶理由を記載した文書と共に拒絶の通報を行わなければならない。ただし、締約国は、1年の期間を18月の期間とする旨の宣言をすることができる。[H14-38] ☞(2)答○

❏ 国際登録による標章の保護について、国際事務局から領域指定の通報を受けた締約国の官庁は、関係法令が認める場合には、当該締約国においては当該標章に対する保護を与えることができない旨を、拒絶の通報において宣言する権利を有する。当該権利を行使しようとする官庁は、国際事務局に対し、すべての拒絶理由を記載した文書と共に拒絶の通報を行う。[H15-27] ☞(3)答○

❏ 国際登録による標章の保護について国際事務局から領域指定の通報を受けた締約国の官庁が、国際事務局に対し、当該締約国においては当該標章に対する保護を与えることができない旨の拒絶の通報を行う際には、その拒絶は、当該拒絶の通報を行う官庁に直接求められた標章登録についてパリ条約上援用可能な理由に基づく場合にのみ行うことができる。所定の通報期間内に、暫定的又は最終的な拒絶の通報を国際事務局に対して行わなかった官庁は、当該標章の保護を拒絶する権利を失う。[H16-27] ☞(3)(4)答○

1　国際登録と優先権 (4条(2))

(1)全ての国際登録について、その名義人は、パリ条約4条
　Dに規定する手続を要することなく、優先権を有する。

⇨各国ごとに優先権主張を行うのではなく、願書において
　一律に優先権主張の手続を行う。

(2)優先権主張を行う場合は、願書において、その旨の宣言、
　先の出願がされた官庁の名称、先の出願の出願日・番号
　等の表示をする。

⇨一切の手続が不要となるわけではない。

2　国際登録の存続期間 (6条(1))

(3)国際登録の存続期間は、国際登録の日から10年である。

⇨各国ごとに存続期間の終期が異なるということはない。

3　事後指定の場合の存続期間

(4)事後指定をした場合でも、存続期間は、国際登録の日か
　ら10年(または直近更新の日から10年)である。

⇨事後指定の日から10年ではないことに注意せよ。

4　事後指定の手続

(5)事後指定は、原則として、本国官庁を通じて行うことも、
　国際事務局に直接行うこともできる。

⇨事後指定する締約国の官庁に対して行うわけではない。

(6)国際登録後、新たにマドリッド協定の議定書の締約国に
　なった国を事後指定して追加することは、可能である。

学習日	月　日	月　日	月　日	月　日
正答数	／7	／7	／7	／7

❏ マドリッド協定の議定書に基づく国際登録について、その名義人は、パリ条約第4条Dに定める手続に従うことを要することなく、同条に定める優先権を有する。[H20-44] ☞(1)答○

❏ 国際登録について、パリ条約第4条に規定する優先権を有するためには、国際出願の願書には、少なくとも先の出願が提出された官庁の名称及び先の出願の日付を記載する必要がある。[H18-55] ☞(2)答○

❏ 国際登録を受けた標章登録の存続期間は、国際登録の日から10年であるが、領域指定が当該標章の国際登録の後の日に行われた場合のその指定国についての存続期間は、当該領域指定が国際登録簿に記録された日から10年となる。[H20-11] ☞(4)答×

❏ 領域指定が標章の国際登録の後において行われた場合、当該領域指定は、国際登録簿に記録された日から効力を生じ、その日から10年の期間の経過によりその効力を失う。[H23-16] ☞(4)答×

❏ 国際登録の日後であっても他の国を領域指定することができるが、その場合は、常に、国際事務に対し直接手続を行わなければならない。[予想問] ☞(5)答×

❏ 国際登録後に領域指定をする場合、国際登録の名義人は、事後的に追加する締約国に対して手続をする必要がある。[予想問] ☞(5)答×

❏ 国際登録後に、新たにマドリッド協定の議定書の締約国になった国を事後指定することができる。[予想問] ☞(6)答○

1 代替の意義

(1)代替とは、既存の国内登録等の有利な点を引き継ぎつつ、国際登録に基づく商標権の保護に切り替え、一本化することで、権利の維持管理を簡易にするための制度である。

2 代替の要件

(2)代替が生じるためには、①国内登録等に係る標章と国際登録に係る標章が同一で、かつ、②国内登録等の名義人と国際登録の名義人が同一でなければならない（4条の2(1)）。

(3)代替が生じるためには、①国際登録による標章の保護の効果が、領域指定の規定に基づいて当該締約国に及んでいること、②国内登録等の日が、領域指定の効果の発生よりも前であることが必要である（4条の2(1)(ⅰ)・(ⅲ)）。

(4)代替が生じるためには、国内登録等における全ての指定商品等が、国際登録においても指定されていることが必要である（4条の2(1)(ⅱ)）。

⇨国内法上は指定商品等の一部の重複でもよいのに対し（商68条の10）、議定書上は、国内登録の指定商品等が国際登録のものに全て包含されている必要がある。

3 代替の効果

(5)代替の要件を満たして国際登録がされたときは、当該国際登録は、国内登録等により生ずる全ての権利を害することなく、当該国内登録等に代替する（4条の2(1)）。

⇨我が国の商標法上は、先願の国内商標登録と国際登録が併存する（商68条の10参照）。

学習日	月　日	月　日	月　日	月　日
正答数	／5	／5	／5	／5

出た過去問！出る予想問！ 目標 **4** 分で答えよう

❏ 代替とは、一定の要件のもと、先行する国内登録の出願日等の利点を引き継いで、国際登録が国内登録に取って替わることにより、保護の一本化による更新等の管理を簡易にするための制度である。［予想問］　　　　　　☞(1)答○

❏ 代替が認められるのは、国内登録に係る標章と国際登録に係る標章とが同一の場合に限られず、<u>両標章が類似する場合にも認められる</u>。［予想問］　　　　　　　　☞(2)答×

❏ 領域指定又は事後指定がされていない締約国においては、国際登録による国内登録の代替は生じない。［予想問］

☞(3)答○

❏ いずれかの締約国の官庁による国内登録の対象である標章が国際登録の対象でもあり、かつ、その名義人が国際登録の名義人と同一である場合に、当該国際登録が、当該国内登録に代替することができるものとみなされるための条件の1つは、国内登録において指定された全ての商品及びサービスが当該締約国に係る国際登録においても指定されていることである。［H24-44］　　　　　　　　　　☞(4)答○

❏ 代替の効果が生じた場合には、国際登録が先願の国内登録に代替することになるが、国内登録等により生ずる全ての権利が害されることはない。［予想問］　　　　　☞(5)答○

必ず出る！基礎知識 目標 **6** 分で覚えよう

1 国際登録の独立性

(1)国際登録は、国際登録の日から<u>5</u>年を経過すると、<u>基礎出願・基礎登録</u>から<u>独立</u>するのが原則である(6条(2))。

⇨独立すると、基礎出願等が<u>消滅</u>しても、国際登録に基づく商標権等の保護に<u>影響はない</u>。

2 セントラルアタック(1)：原則

(2)国際登録の日から<u>5</u>年が満了する前に、基礎出願、基礎出願による登録又は基礎登録が<u>取下げ・消滅</u>等した場合には、国際登録に基づく<u>指定締約国での保護</u>が失われ、国際登録は<u>取り消される</u>(6条(3)・(4))。

⇨「5年」の期間を宣言等で短くすることは<u>できない</u>。

3 セントラルアタック(2)：例外

(3)国際登録の日から<u>5</u>年を経過する前に、基礎出願の不服申立てや基礎登録等の抹消・取消し・無効の申立て等がされ、<u>消滅等の処分</u>が国際登録から<u>5</u>年を経過した<u>後</u>に生じた場合も、<u>指定締約国での保護</u>が失われる(6条(3)第2文)。

4 セントラルアタック(3)：手続

(4)<u>本国官庁</u>は、基礎出願・基礎登録の拒絶・取消し・無効等の事実や決定を<u>国際事務局</u>に通報し、国際登録の<u>取消し</u>を請求する。国際事務局は、所定の定めに従って、当該事実・決定を<u>利害関係者</u>に通報して<u>公表</u>するとともに、該当する範囲について国際登録を<u>取り消す</u>(6条(4))。

⇨救済措置として、所定要件下において、国際登録の<u>国内出願又は広域出願への変更</u>が認められている(9条の5)。

学習日	月　日	月　日	月　日	月　日
正答数	／4	／4	／4	／4

出た過去問！ 出る予想問！ 目標 4 分で答えよう

❏ マドリッド協定の議定書はパリ条約の特別取極であるから、国際登録に基づいて各国に生じた商標出願、商標権は、常に基礎出願又は基礎登録から独立したものとされ、その発生・変更・消滅に従属性をつけることはできない。[予想問]

☞(1)(2)答×

❏ 国際登録による標章の保護については、その国際登録の日から5年の期間が満了する前に、基礎出願、基礎出願による登録又は基礎登録が取り下げられ、消滅し、放棄され又は、確定的な決定により、拒絶され、抹消され、取り消され若しくは無効とされた場合は、当該国際登録において指定された商品及びサービスの全部又は一部について主張することができない。ただし、締約国は、5年の期間を3年の期間とする旨の宣言をすることができる。[H14-38]

☞(2)答×

❏ 国際登録による標章の保護については、国際登録の日から5年の期間の満了前に、基礎登録の無効を求める申立て手続が開始され、当該5年の期間の満了後に基礎登録が確定的な決定により、無効とされた場合は、本国官庁からの該当する範囲についての国際登録の取消しの請求により、国際事務局は当該範囲について国際登録を取り消す。[H22-48]

☞(3)答○

❏ 国際登録による標章の保護については、その国際登録の日から5年の期間が満了する前に、基礎登録が消滅した場合は、本国官庁からの該当する範囲についての国際登録の取消しの請求により、国際事務局は当該範囲について国際登録を取り消す。[H22-48]

☞(4)答○

1 国際登録の更新

(1)所定の手数料の納付のみにより、10 年の存続期間の満了
の時から更に 10 年間の更新ができる（7 条(1)）。

⇨基本手数料に加え、追加手数料・付加手数料を支払う。
但し、個別手数料を支払う場合は、追加手数料・付加手
数料の支払は不要である。

(2)存続期間の更新は、国際登録の最新の態様にいかなる変
更も及ぼさない（7 条(2)）。

2 期間満了の非公式の通報等

(3)国際事務局は、存続期間満了の 6 月前に、名義人又は代
理人に対し、非公式の通報を行い、注意喚起する（7 条(3)）。

(4)存続期間が満了しても、割増手数料の支払により、6 月
の猶予期間が認められる（7 条(4)）。

3 国際登録の国内出願への変更

(5)セントラルアタックにより消滅した国際登録の締約国の
官庁に標章登録出願をした場合、次の要件を満たすこと
で、出願日が国際登録の日等に遡及する（9 条の 5）。

①国際登録の名義人と標章登録の出願人が同一。

②国際登録に係る標章と標章登録出願に係る標章が同一。

③国際登録の取消日から 3 月以内に標章登録出願を行う。

④標章登録出願において指定された商品及びサービスが、
当該締約国に係る国際登録において指定されていた商
品及びサービスに実際に含まれる。

⑤標章登録出願が、手数料の支払を含む関係法令上の全
ての要件を満たしている。

学習日	月 日	月 日	月 日	月 日
正答数	／6	／6	／6	／6

出た過去問！
出る予想問！ **目標 4 分で答えよう**

7章

更新・国内出願への変更

❏ 国際登録は、所定の手数料の納付がされた後に、実体審査を経て更に 10 年更新される。［予想問］　☞(1)答×

❏ 国際登録は、常に、追加手数料・付加手数料が支払われなければ更新されない。［予想問］　☞(1)答×

❏ 国際登録の存続期間の更新は、国際登録の最新の態様にいかなる変更ももたらすものではない。［H21-35］　☞(2)答○

❏ 国際事務局は、国際登録の名義人及びその代理人がある場合には当該代理人に対し、国際登録の存続期間が満了する 6 月前に非公式の通報を行うことにより、当該存続期間が満了する正確な日付について注意を喚起する。［H23-16］
　☞(3)答○

❏ 所定の割増手数料を支払うことにより、6 月の猶予期間が国際登録の存続期間の更新について認められる。［H23-16］
　☞(4)答○

❏ 国際登録の日から 5 年の期間が満了する前に、基礎出願、基礎出願による登録又は基礎登録が取り下げられた国際登録であっても、その国際登録の名義人であった者は、一定の条件のもとに、同一の標章について、領域指定が行われていた締約国における国内出願に変更することができ、変更された出願は、国際登録の日（事後指定による保護の場合には事後指定の日）に出願されたものとみなされる。
［H16-27］　☞(5)答○

第8章

ジュネーブ
改正協定

1 国際出願人適格(3条)

(1)国際出願をする資格を有するのは、次の者である。

　①締約国である国の国民、又は、締約国である<u>政府間機関</u>の構成国の国民である者。

　②締約国の領域に<u>住所・常居所</u>、又は現実かつ真正の<u>工業上・商業上の営業所</u>を有する者。

⇨<u>基礎出願</u>や<u>基礎登録</u>は<u>不要</u>である。

2 国際出願の提出先(4条(1))

(2)国際出願は、国際事務局に対して、<u>直接</u>、又は<u>自国の官庁</u>を通じてすることができる。

⇨締約国が「自国の官庁を通じて国際出願することはできない」旨の<u>宣言</u>をした場合には、当該国の官庁を通じて国際出願することはできない。

3 送付手数料の徴収(4条(2))

(3)国際出願を自国の官庁を通じて行う場合、当該国の官庁は、<u>送付手数料</u>の支払を出願人に要求できる。

⇨あくまで<u>裁量</u>であって、支払要求の義務は<u>ない</u>。

4 言　　語

(4)国際出願の言語は、<u>英語・フランス語・スペイン語</u>である（規則6）。

⇨日本国特許庁を通じて国際出願をする場合には、<u>経済産業省令</u>で定める言語で出願をしなければならず（意60条の3第2項）、<u>日本語</u>で出願することはできない。

(5)国際出願は、<u>全ての書面を同じ言語</u>（一の所定の言語）で作成しなければならない（5条(1)参照）。

● 出た過去問！
　 出る予想問！ 目標 **4** 分で答えよう ●

❏ 締約国であるＺ国の国民ではないが、Ｚ国の領域に常居所を有する自然人甲は、国際出願をする資格を有する。［H30-条約6］　　　　　　　　　　　　　　　☞(1)答○

❏ ジュネーブ改正協定に基づき意匠の国際出願をするためには、締約国に基礎出願又は基礎登録がなければならない。［予想問］　　　　　　　　　　　　　　　☞(1)答×

❏ 国際出願をする資格を有する者は、常に、自国の官庁を通じて国際出願をすることができる。［予想問］　　☞(2)答×

❏ いずれの締約国の官庁も、自己を通ずる国際出願について送付手数料を支払うことを出願人に要求しなければならない。［予想問］　　　　　　　　　　　　☞(3)答×

❏ 日本国特許庁を仲介官庁として国際出願をする場合、日本語で作成した願書を提出することができる。［予想問］　　　　　　　　　　　　　　　　　　☞(4)答×

❏ 国際事務局に対し直接に国際出願をするときは、国際出願はいずれの締約国の言語でも作成することができる。［H30-条約6］　　　　　　　　　　　　　　　☞(4)答×

❏ 国際出願の言語は、英語、フランス語、スペイン語であるから、物品名は英語で、その他の部分はフランス語で出願をすることができる。［予想問］　　　　☞(5)答×

8章

国際出願

2 記載事項・出願費用

1 国際出願の願書の記載

(1)国際出願では、保護を求める国を指定しなければならない (5 条(1)(v))。

⇨特許協力条約と異なり、全指定制度は採用していない。

(2)国際出願では、一出願に複数の意匠を含めることができる (5 条(4))。

(3)審査主義国は、出願日の認定に次のいずれかの要素が必要な場合は、宣言により、当該要素について事務局長に通告することができる (5 条(2)(a))。

①出願の対象である意匠の創作者の特定に関する表示。

②出願の対象である意匠の複製物、又は、特徴についての簡潔な説明。

③請求の範囲 (5 条(2)(b))。

⇨指定締約国の中に上記の通告をした締約国が含まれている場合には、国際出願にその要素を含める (5 条(2)(c))。

2 出願費用

(4)国際出願に際して、出願人は、基本手数料・公表手数料・指定手数料を支払う必要がある (規則 27(1)参照)。宣言により当該指定手数料 (標準指定手数料) を個別の指定手数料に置き換えることを通告した審査主義国が指定されている場合には、個別の指定手数料を支払う (7 条(2))。

⇨自国の官庁を通じた出願の場合、送付手数料が別途必要。

学習日	月 日	月 日	月 日	月 日
正答数	／6	／6	／6	／6

● 出た過去問！ 出る予想問！ 目標 **4** 分で答えよう ●

❏ ジュネーブ改正協定は、<u>特許協力条約と同じく全指定制度を採用しているので、国際出願に際して保護を求める国を個々に指定する必要はない。</u>［予想問］　　　☞(1)答×

❏ 国際出願には、所定の条件に従い、2以上の意匠を含めることができる。［H30-条約6］　　　☞(2)答○

❏ その官庁が審査官庁である締約国を指定する際に、出願の対象である意匠の創作者の特定に関する表示を国際出願に含める場合がある。［予想問］　　　☞(3)答○

❏ ある国を指定する場合には、複製物又は意匠の特徴の簡単な説明が要求される場合がある。［予想問］　　　☞(3)答○

❏ 国際出願をする場合には、基本手数料、公表手数料、指定手数料を支払う必要があるが、指定締約国の官庁が審査官庁であるときは、所定の指定手数料に代えて個別指定手数料を支払う必要がある場合がある。［予想問］　　　☞(4)答○

❏ 国際出願をする場合には、基本手数料、公表手数料、指定手数料を支払う必要があるが、指定締約国が所定の宣言をした締約国であるときは、<u>個別指定手数料のみを支払えばよい。</u>［予想問］　　　☞(4)答×

8章

記載事項・出願費用

3 国際登録

1 国際出願を受領した国際事務局の手続 (8条)

(1)国際出願を受領した国際事務局は、<u>条約上の要件（方式）</u>を満たしていない場合には、出願人に対し、所定の期間内に<u>補正</u>をするように求める。

⇨出願人が補正に応じない場合は、<u>出願の放棄</u>とみなす。

⇨指定締約国が<u>創作者の表示</u>等を求めているにもかかわらずその表示等がないときにも、<u>補正</u>を求められ、これに応じない場合は、<u>当該国の指定を含まない</u>ものとみなす。

2 国際登録の日 (10条(2))

(2)次に掲げる日が、国際登録の日となる。

①原則として、<u>国際出願の日</u>。

⇨公表が延期されても変わらない。

②国際事務局が国際出願を受理した日において、5条(2)の規定に関連する<u>不備</u>がある場合は、<u>国際事務局が不備の補正を受理した日</u>又は<u>国際出願の出願日</u>のいずれか遅いほう。

(3)国際登録は、国際登録の日から、指定締約国において、当該国の<u>法令</u>に基づく意匠の保護の付与のための<u>正規</u>の出願と、<u>少なくとも同一</u>の効果を有する (14条(1))。

(4)国際登録の効果を拒絶する官庁は、国際公表の日から<u>6</u>月（<u>宣言をした審査主義国</u>は <u>12</u>月）以内に、国際事務局に対し、<u>拒絶の通報</u>を行う (12条(2)、規則 18)。

⇨拒絶通報期間内に拒絶通報をしていない指定締約国では、国際登録は、原則として<u>当該期間満了日</u>から、当該国の<u>法令</u>に基づく意匠の保護の付与と<u>同一</u>の効果を有する (14条(2)(a))。

学習日	月　日	月　日	月　日	月　日
正答数	／6	／6	／6	／6

8章

国際登録

❏ 国際出願の条約上の要件（方式）に違反した場合には、国際事務局から補正を求められ、それに応じない場合には、国際出願は<u>却下される</u>。[予想問]　　　　☞(1)答×

❏ 国際出願の指定締約国に、その官庁が審査官庁である締約国であって所定の宣言をしたものが含まれ、<u>創作者の氏名等の追加的記載が求められている</u>にもかかわらず、国際出願にその記載がない場合には、国際事務局から補正を求められ、これに応じない場合には、<u>国際出願は放棄されたものとみなされる</u>。[予想問]　　　　☞(1)答×

❏ 国際事務局は、国際出願を受理した後直ちに、又は第8条の規定に従って補正をするよう求めている場合には必要な補正を受理した後直ちに、国際出願の対象である意匠を登録する。その登録は、第11条に規定の登録の公表が延期されるか否かにかかわらず、なされる。[R1-条約6]☞(2)答○

❏ 国際登録は、国際登録の日から、指定締約国において、当該国の法令に基づく意匠の保護の付与のための正規の出願と少なくとも同一の効果を有する。[予想問]　　　　☞(3)答○

❏ 国際登録の効果を拒絶する官庁は、原則として、国際登録が国際公表された日から6月以内に拒絶の通報をしなければならない。[予想問]　　　　☞(4)答○

❏ 国際登録は、拒絶を通報していない指定締約国において、原則として、拒絶を通報するために認められている期間の満了の日から、当該国の法令に基づく意匠の保護の付与と同一の効果を有する。[予想問]　　　　☞(4)答○

4 国際公表・単一性

1 国際公表の時期

(1)国際公表は、原則として、国際登録の日から<u>6</u>月後にされる。しかし、出願人の<u>請求</u>により、登録の後<u>直ち</u>に公表することも、逆に<u>延期</u>することもできる（規則 17⑴）。

⇨公表の延期は、最長で出願日から<u>30</u>月である（規則 16）。

(2)官庁には<u>秘密保持義務</u>があるが、審査の目的で、国際公表前に国際登録の<u>写し</u>を使用できる（10 条⑸⒝）。

(3)国際公表される関係上、我が国は、国際意匠登録出願に<u>秘密意匠</u>の制度を採用していない（意 60 条の 9）。

(4)設定登録前に国際公表されるため、我が国は、国際意匠登録出願に<u>補償金請求権</u>を認めている（意 60 条の 12）。

2 国際登録の存続期間（17 条⑴・⑶⒜・⑶⒝）

(5)国際登録の存続期間は、国際登録の日から<u>5</u>年であり、その後、<u>更新</u>により<u>5</u>年ごとの延長が可能である。

⇨指定締約国における保護の存続期間は、国際登録の<u>更新</u>を条件として、国際登録の日から<u>15</u>年である。但し、当該国の法令で定める存続期間が<u>15</u>年を超える場合は、<u>これと同一</u>の期間である。

3 単 一 性（13 条）

(6)国際出願では、二以上の意匠を含めることができるが、締約国は、<u>宣言</u>により、同じ出願の対象である二以上の意匠が、<u>意匠の単一性・製品の単一性・使用の単一性</u>等の要件に合致することを要求することができる。

学習日	月 日	月 日	月 日	月 日
正答数	／7	／7	／7	／7

● 出た過去問！ 出る予想問！ 目標 **4** 分で答えよう ●

❏ 国際公表は、<u>常に</u>、国際登録の日から6箇月後又はその後できる限り速やかにしなければならない。[予想問] ☞(1)答×

❏ 国際公表は国際登録の日から6箇月後又はその後できる限り速やかにされるが、請求により登録の後直ちにされる場合もある。[予想問] ☞(1)答○

❏ 国際公表前は秘密保持義務があるため、各国の官庁は、<u>審査の目的のために国際登録の写しを使用することができない</u>。[予想問] ☞(2)答×

❏ 日本国を指定する国際出願であって、その国際登録について国際公表がされたものは、我が国の意匠登録出願とみなされるので、<u>秘密意匠の請求ができる</u>。[予想問] ☞(3)答×

❏ 日本国を指定する国際出願であって、その国際登録について国際公表がされたものは、我が国の意匠登録出願とみなされるので、<u>補償金請求権は認められない</u>。[予想問] ☞(4)答×

❏ 指定締約国における保護の存続期間は、国際登録が更新されることを条件として、国際登録の日から起算して15年とする。指定締約国の法令に基づいて保護が付与されている意匠について15年を超える保護の存続期間を当該指定締約国の法令に定めている場合には、国際登録が更新されることを条件として、当該指定締約国の法令に定める期間と同一とする。[R1- 条約6改] ☞(5)答○

❏ 国際出願においては一出願に複数の意匠を含むことが許容されている。[予想問] ☞(6)答○

必ず出る！
基礎知識 **目標 6 分で覚えよう**

☐1 拒絶の通報（12条）

(1)国際出願の実体要件の判断は、各指定締約国の官庁が行う。当該国の実体要件を満たさない場合には、国際登録の一部又は全部の効果を拒絶することができる。

⇨但し、条約上の要件（方式）を満たしていないことを理由に拒絶することはできない。

(2)国際登録の効果を拒絶する官庁は、国際事務局に拒絶を通報し、名義人は、国際事務局を通じて拒絶通報の写しを受け取る。

⇨拒絶通報が可能な期間は、国際公表の日から 6 月又は 12 月以内である（規則18(1)）。

☐2 国際登録の変更（16条(1)・(2)）

(3)国際事務局は、国際登録簿に、指定締約国の一部又は全部、及び国際登録の対象である意匠の一部又は全部についての国際登録の所有権の変更を記録する。

⇨譲受人は、国際出願する資格を有する者でなければならない。

⇨一般承継でも、変更の記録がされないと、効果が生じない。

☐3 国際登録の放棄

(4)指定締約国の一部又は全部の放棄は、国際登録簿に記録される。

⇨放棄に際して、実施権者・利害関係人等の承諾は不要。

学習日	月　日	月　日	月　日	月　日
正答数	／6	／6	／6	／6

出た過去問！ 出る予想問！ **目標 4 分で答えよう**

❏ 国際登録の対象である意匠の実体審査については、国際事務局が行うことはできず、各指定締約国の官庁が行うが、当該官庁は、国際出願の記載事項に関する要件であってジュネーブ改正協定に定めるものが、当該指定締約国の法令の規定を満たしていないことを理由に拒絶をすることはできない。[予想問]　　　　　　　　　　　　　☞(1)答〇

❏ 国際登録の効果を拒絶する官庁は、拒絶の通報を各名義人に対して行う。[予想問]　　　　　　　　　　☞(2)答✕

❏ 指定締約国の官庁が拒絶の通報を可能な期間は、国際登録の日から6月又は12月以内である。[予想問]　　☞(2)答✕

❏ 国際事務局は、国際登録簿に指定締約国の一部又は全部及び国際登録の対象である意匠の一部又は全部についての国際登録の所有権の変更を記録し、この効果は各指定締約国でも同一の効果を有することとなるが、一般承継の場合には、権利者不在の事態を避けるため、国際登録簿に変更が記録されなくても効果が生じる。[予想問]　　　☞(3)答✕

❏ 国際登録の所有権の変更は可能であるが、新権利者はジュネーブ改正協定に基づく国際出願をする資格を有する者でなければならない。[予想問]　　　　　　　　☞(3)答〇

❏ 国際登録に関し、指定締約国の一部又は全部について放棄をする場合は、国際登録簿への記録が必要である。この場合、放棄をする指定締約国において、国際登録を基礎とした意匠権について実施権者や質権者等の利害関係人がいるときは、その者の承諾がなければ、放棄をすることができない。[予想問]　　　　　　　　　　　☞(4)答✕

●著者紹介●
佐藤　卓也（さとう・たくや）

昭和39年、東京都新宿区に生まれる。中央大学法学部法律学科卒業・同大学院民事法博士前期課程修了。

大日本印刷株式会社特許部（現・知的財産権本部）に平成9年まで勤務。

その後、小島国際特許事務所（現・第一東京国際特許事務所）に勤務し、実務に従事している。

大手受験予備校（LEC東京リーガルマインド）では、弁理士受験の講座体系を作り上げるとともに、講座中の基本テキストなど多くの著作・編集に携わる。

また、公共団体の研修講師、日本弁理士会での委員会活動を行っている。

趣味は城郭めぐりで、幼少期より日本の城郭を巡り歩いた。弁理士受験生の質の向上に貢献し、弁理士資格の魅力を多くの方に伝えるべく、日夜講義に励んでいる。

装丁　やぶはな あきお

ケータイ弁理士III 第2版 不正競争防止法・著作権法・条約

2020年9月3日　第1刷発行

著　者	佐　藤　卓　也
発行者	株式会社　三　省　堂
	代表者　北口克彦
印刷者	三省堂印刷株式会社
発行所	株式会社　三　省　堂

〒 101-8371　東京都千代田区神田三崎町二丁目 22 番 14 号
電　話　編集　(03) 3230-9411
　　　　　営業　(03) 3230-9412
https://www.sanseido.co.jp/
<2 版ケータイ弁理士III・320pp.>

ISBN978-4-385-32476-0